Brigitte Voykowitsch

Allah, Ram und Kricket

Indisch-Pakistanische Konfrontationen

Brigitte Voykowitsch

Allah, Ram und Kricket
Indisch-Pakistanische Konfrontationen

Picus Reportagen

Picus Verlag Wien

Grafische Gestaltung: Dorothea Löcker, Wien
Umschlagabbildung: Brigitte Voykowitsch
Druck und Verarbeitung: Remaprint, Wien
ISBN 3-85452-773-X

Inhalt

Vorwort ... *9*

Die Grenze
Der Freundschaftsbus und der Verständigungsexpress sind vorübergehend eingestellt ... *12*

Der Zug
Ein Überfall in Indien weckt schlimme Erinnerungen an die Teilung ... *19*

Karachi
Muslime begrüßen einander mit »Assalam« – Friede ... *27*

Junoon
Eine Rockband singt mit Leidenschaft für den Frieden ... *40*

Grand Trunk Road
Per Auto und Bus über das Rückgrat von Hind ... *49*

»Roti«, »Kapra« und »Makaan«
Wenn ein Land seine Seele verkauft hat ... *63*

Angst
Die persönliche Reise eines Pandit ... *78*

Ayodhya
Ein Tempel soll zur Freiheitsstatue werden ... *84*

Ahmedabad
»Wahre« Hindus rufen zum Boykott ... *101*

Rache
Der Ruf nach einem Tempel der Toleranz 112

Treuetest
Die Muslime bleiben die Fremden 122

Old-Delhi
Ein Sohn der Stadt auf Besuch im Haveli 133

Nachwort 140

Vorwort

Das Ticket war gebucht, die Reiseroute skizziert. Karachi sollte der Ausgangspunkt der Tour sein, Delhi die letzte Station, inhaltlich sollte es um die gemeinsame Geschichte und Gegenwart von Indien und Pakistan gehen. Einige Grundthemen standen damit fest: Die Teilung des Subkontinents 1947 und die Wunden, die sie hinterlassen hat; das Verhältnis zwischen Hindus und Muslimen in Indien; die Identitätsfrage in Pakistan sowie der Kaschmir-Konflikt würden in jedem Fall zur Sprache kommen. Alle diese Aspekte ließen sich anhand vieler unterschiedlicher Reportagen und Geschichten darstellen und das Buch wäre zweifelsohne ganz anders ausgefallen, wäre nicht am 27. Februar 2002 ein Zug mit Hindu-Aktivisten im westindischen Bundesstaat Gujarat überfallen worden. Die darauf folgenden Massaker an Muslimen, aber auch die Debatten, die die Ereignisse in Indien und Pakistan auslösten, veranlassten mich zu einer Änderung meiner Reiseroute und dazu, oft ganz andere als die ursprünglich geplanten Gesprächspartner zu suchen. Reportagen, die zunächst groß angelegt waren, sind kleiner geworden, manche ganz weggefallen, dafür nicht vorgesehene dazu gekommen.

Leicht und unbeschwert ist das Thema Indien-Pakistan nie, selbst wenn sich Bücher füllen ließen mit Beispielen für gute zwischenmenschliche Beziehungen zwischen Bürgerinnen und Bürgern beider Staaten. »›Da oben in Kaschmir bekriegt ihr euch und hier scheint ihr mir die besten Freunde zu sein‹, sagte vor einigen Jahren ein Europäer bei einem asiatischen Filmfest in Malaysia, nachdem er beobachtet hatte, wie die Mitglieder der indischen und der pakistanischen Delegation ständig in bester Stimmung zusammen waren«, erzählt mir ein Pakistani. »Als der Europäer dann meinte, er verstehe das nicht, entgegnete ein indischer Schauspieler prompt: ›Wir auch nicht.‹«

Natürlich lässt sich vieles besser verstehen, wenn man die persönliche Ebene von der Staatspolitik trennt und auf ersterer noch dazu gleich oder ähnlich Gesinnte aufeinander treffen. Sie betonen dann das Gemeinsame und Verbindende einer Jahrtausende alten Zivilisation, das durch die umstrittene Schaffung zweier moderner Nationalstaaten nicht innerhalb weniger Jahrzehnte weggewischt werden kann und durch das zeitgenössische Kulturschaffen weiter bestärkt wird. Islamabad mag strikte Zensur verhängen, die Pakistanis wissen sich stets Videos der neuesten Bollywood-Filme zu beschaffen. Und als im Zuge des jüngsten Konflikts zwischen den beiden Nachbarn das pakistanische Fernsehen wiederum den Zugang zu indischen Sendern blockiert, melden sich in Tageszeitungen empörte Leserbriefschreiber, die nicht über die nötigen Satellitenschüsseln verfügen, zu Wort. Es sei schlimm genug, wenn man ihren Patriotismus derart infrage stelle, dass man sie einer kritischen Beurteilung indischer Berichterstattung für unfähig erachte. Aber wie, bitte, sollten sie sich nun über die aktuellen Entwicklungen im Hindi-Pop auf dem Laufenden halten?

Wechselseitiges Interesse und gute private

Kontakte bestehen freilich weiter vor einem politischen Hintergrund, in dem selbst ein Nuklearkrieg zwischen Indien und Pakistan nicht auszuschließen ist. Sogar in den besten Zeiten ist die Zahl derer, die sich eine Reise ins jeweils andere Land leisten können, gering. Viele, die eine solche Fahrt unternommen haben, wissen von enormen bürokratischen Hürden zu berichten, zugleich aber auch von der Wärme und Herzlichkeit, mit der sie auf der anderen Seite empfangen wurden. Würde sich wirklich, wie nicht wenige glauben wollen, alles rascher zum Besseren wenden, wenn die Bürger Indiens und Pakistans die Chance hätten, in regem persönlichen Kontakt miteinander zu sein? Die Frage muss angesichts der Ereignisse in der ersten Jahreshälfte 2002 wieder einmal offen bleiben.

Die Grenze

Der Freundschaftsbus und der Verständigungsexpress sind vorübergehend eingestellt

»Reiseführer für Indien.« »Wollen Sie indische Rupien kaufen?« »Cola, Mineralwasser.« Über mangelnde Aufmerksamkeit kann ich mich an diesem Dienstagmorgen wirklich nicht beklagen. Die fünf Männer an den zwei Ständen sind bemüht, mich auf alles hinzuweisen, was sie in ihrem Angebot haben. Zigaretten, Kekse, neben Cola noch andere Getränke. »Letzte Chance, allerletzte Chance«, betont einer der Männer, als gelte es, sich für eine lange Reise zu versorgen. In politisch besseren Zeiten wäre es ja sogar sinnvoll, sich noch mit Proviant einzudecken, können die Zoll- und Passprozeduren doch Stunden dauern. Doch an diesem Frühlingstag im Jahr 2002 ist nicht mit langen Warteschlangen zu rechnen. Weit und breit ist kein anderer Reisender in Sicht. Nur die Rufe der Händler und Vogelgezwitscher durchbrechen die Stille hier in Wagah an der pakistanisch-indischen Grenze. Enttäuscht über meine mangelnde Kauflust weisen mich die Standler schließlich zu einem einfachen, weiß gestrichenen Betonbau. »Dort ist die Immigration«.

Der Raum ist leer und kahl bis auf zwei Stühle und einen Holztisch, auf dem ein überdimensionales Register liegt. Nach wenigen Minuten steckt ein Mann den Kopf bei der Tür herein und versichert mir, er werde den zuständigen Beamten gleich holen. Als der kommt, ist klar: Eile ist nicht angesagt, seit halb zehn und noch bis halb vier ist die Grenze offen, erklärt er mir. Jetzt ist es Viertel nach zehn und ich bin an diesem Tag die Erste, die auf dem Landweg nach Indien reisen will. Am Vortag waren es sechs, »der Schnitt dieser Tage«, sagt der Mann, »nur Diplomaten, Geschäftsleute, Touristen kommen, und alle sind Ausländer«, was in diesem Fall heißt, dass sie weder Inder noch Pakistanis sind. Nach einem Terroranschlag auf das indische Parlament in Neu-Delhi am 13. Dezember 2001, für den Indien von Pakistan aus operierende islamistische Gruppen verantwortlich machte, waren die Spannungen zwischen den beiden Nachbarstaaten erneut eskaliert, beide verstärkten ihre Truppen an der Grenze und kurz nach dem Jahreswechsel wurden dann alle Verkehrsverbindungen suspendiert. Der Zug mit dem Namen *Samjhauta* (Verständigung) fährt nicht mehr, der *Dosti* (Freundschaft) genannte Busdienst ist unterbrochen. Selbst Politiker, die in das jeweils andere Land reisen wollen, müssen über Drittstaaten – zumeist Dubai – einreisen.

Die Medien haben wiederholt Bilder von den an der Grenze in Bunkern verschanzten Soldaten gebracht. Doch von Kriegsgefahr ist hier direkt in Wagah nichts zu spüren. Der Beamte lässt Tee kommen, bietet Zigaretten an, besorgt – ungefragt – einen Träger, »der zeigt Ihnen, wo Sie überall hinmüssen« – und ist sofort zu bezahlen: »Hundert Rupien. Und falls auf dem Weg zur Grenze noch jemand Geld verlangt, verweigern sie es.

Das sind dann nur Betrüger«, folgt der gute Rat. Irgendwie klingt das Ganze schon reichlich dubios. Doch es ist zu früh, um zu debattieren. Ich hatte ja damit gerechnet, dass das letzte pakistanische Geld für Bakschisch aufgehen würde, vor allem aber hatte ich mir fest vorgenommen, nur ja Ruhe zu bewahren. Solange niemand Interesse an all den Papieren zeigte, die ich in Pakistan gesammelt habe – Zeitungsausschnitte, Informations- und Propagandamaterial diverser politischer Gruppen, Bücher, Poster und dergleichen mehr – soll mir vieles recht sein. Diese Arbeitsunterlagen gilt es zu verteidigen, einem Bekannten haben sie an der Grenze erst vor kurzem seine letzte pakistanische Tageszeitung abgeknöpft.

Der Träger steckt die Rupien ein und lehnt sich gelassen an die Wand, während der Beamte mich über meine Eindrücke von Pakistan befragt und dafür sorgt, dass meine Teetasse nie leer wird. Die Trennlinie zwischen Gastfreundschaft und Aufdringlichkeit verschwimmt. Das hiesige Wetter und Essen, Karachi, Präsident Pervez Musharraf, die Gartenstadt Lahore, meine Pläne in Indien – eine ganze Reihe von Themen haben wir schon angerissen. »Nein danke, ich habe gerade erst gefrühstückt«, lehne ich das Angebot zu einem Snack ab und versuche höflich, aber dezidiert zu vermitteln, dass ich nun wirklich genug Tee zu mir genommen habe. Dann, endlich, fühlt sich der Mann bemüßigt, sich dem Register zuzuwenden und meine Daten einzutragen. Die Prozedur erfordert nur wenige Minuten. Sobald er mir den Pass reicht, schnappt der Träger mein Gepäck. Die erste Station ist geschafft.

Es sind nur wenige Meter bis zum Zollgebäude und auch hier, in dieser großen, weiß getünchten Halle, herrscht gähnende Leere. Der Träger hievt den Koffer auf eines der zwei länglichen Podien in der Mitte der Halle, dreht sich um und geht. Aber nicht etwa, um, wie ich in einem morgendlichen Anfall von Naivität annehme, draußen auf mich zu warten. Als die Zollbeamten ohne jeglichen Anflug von Hektik alle Formalitäten erledigt haben, fehlt vom ersten Träger jede Spur. Doch es steht schon der nächste bereit, der dafür sorgt, dass auf dem baumbestandenen Pfad zur Grenzbarriere noch zwei weitere Männer, deren Funktion nicht auszumachen ist, ein paar Rupien einkassieren.

Auf beiden Seiten der Grenzbarriere befinden sich halbrunde Tribünen. Tag für Tag kommen hier eine halbe Stunde vor Sonnenuntergang Bürgerinnen und Bürger der beiden Staaten angereist, um das Ritual des Fahneneinholens und der Grenzschließung zu beobachten. Während Elitesoldaten in Eilschritt und mit übersteigerter Gestik und Mimik auf und ab paradieren, brüllen Patrioten vom einen Land »Allah-u-akbar« und »Pakistan Zindabad«, die vom anderen kontern mit Siegesrufen für Indien. Unweit vom Metallzaun, der entlang der Grenzlinie verläuft, ist bei einem Grenzstein auf pakistanischem Territorium ein Stückchen Land markiert, das bereits zu Indien gehört. Hier dürfen die Pakistanis unter dem wachsamen Blick von Soldaten einen kurzen symbolischen Schritt ins Nachbarland tun.

Am Vormittag sind die Tribünen leer, an der Grenzlinie sitzt ein einsamer Soldat auf einem klapprigen Stuhl vor einem winzigen Tisch. Er nimmt noch eine letzte Passkontrolle in Pakistan vor, dann ein Schritt – und ich bin auf der indischen Seite, auf der sich zunächst fast das gleiche Bild bietet. Auch hier steht sogleich ein Träger bereit, ein alter, hagerer Mann. »Sie können den Koffer ziehen«, sage ich ihm, als er dazu ansetzt, sich das schwere Stück auf den Kopf zu laden. »Aber der Weg ist uneben und steinig«, entgegnet er. »Kein Problem, der Koffer ist robust. Die Räder sind gut.« Der Alte lächelt und beginnt zu ziehen.

Die Beamten der Gesundheitsbehörde und der Passkontrolle sitzen auf der indischen Seite schon da, und das an richtigen verglasten Schaltern. Doch in der Zollabfertigung ist die einzige Person ein Arbeiter auf einer Leiter, der gerade Lampen repariert. Draußen, deutet er. Dort ist ein Gärtner derart in seine Grabungen vertieft, dass es einige Zurufe braucht, bevor er reagiert. »Einen Moment«, versichert er und tatsächlich tauchen binnen weniger Minuten zwei Zollbeamte auf. Anders als die Pakistanis, die sich mit ein paar Fragen zum Inhalt meines Gepäcks begnügten, tasten die Inder meinen Koffer genau ab und beginnen zu wühlen. »Und was ist das?«, zieht einer der beiden ein Buch heraus. »Ein Text über die pakistanische Wirtschaft, über die Armut ...« Der englische Titel sagt es ohnedies: Es handelt sich um eine Studie über »Economic Factors in the Making of Pakistan 1921–1947« (Ökonomische Faktoren bei der Entstehung von Pakistan 1921–1947). Die Autorin, eine Lektorin an der Quaid-i-Azam-Universität in der pakistanischen Hauptstadt Islamabad, hat es mir gegeben. Anders als die meisten Werke, die sich auf Religion und Ideologie als die Hauptursachen für die Forderung nach einem eigenen Staat für die Muslime des Subkontinents und die 1947 erfolgte Gründung von Pakistan konzentrieren, untersucht Naureen Talha die wirtschaftliche Diskrepanz zwischen Hindus und Muslimen in der ersten Hälfte des 20. Jahrhunderts. Die Briten hatten nicht nur die jahrhundertelange politische Vorherrschaft muslimischer Dynastien im Subkontinent gebrochen, argumentiert Talha. Sie hatten auch den ökonomischen Niedergang der Muslime besiegelt. Aus der ökonomischen Dominanz der Hindus aber hätten sich die Muslime kaum befreien können, wäre der Subkontinent als ein einziger Staat unabhängig geworden. Daher, so Talha, unterstützten besonders auch Geschäftsleute die Forderung der Muslim-Liga nach einem eigenen Land für die Muslime.

Aber so genau will ich das den Zollbeamten auch wieder nicht darlegen. Es geht also um »Wirtschaft und Armut«. Bei letzterem Wort legt der Beamte das Buch desinteressiert weg und wühlt erst gar nicht in die Tiefen des Koffers. Nach einer kurzen Debatte über den EU-Pass werde ich entlassen. Nun ist es nur noch ein kurzer Fußmarsch, der gesicherte Grenzbereich ist vorbei, der Träger nimmt seine Rupien entgegen – und ein Dutzend Händler erwartet mich in Attari, dem indischen Grenzort.

Geldwechsler sind zur Stelle, Cola und Mineralwasser und andere Sprudelgetränke gibt es selbstverständlich auch hier, doch es ist noch etwas im Angebot, womit die Pakistanis infolge der strikten Prohibition in ihrem Land nicht aufwarten können. »Bier, Bier«, schreien drei Männer und halten mir die in Indien üblichen 0,65-Liter-Flaschen unter die Nase, als gelte es, mich nach den Entbehrungen im »trockenen« Pakistan schleunigst wieder zu regenerieren. Aber dafür ist es mir noch zu früh. Bevor ich mich mit weiteren Händlern herumschlagen muss, beschaffe ich mir rasch ein Taxi – hier sind die Tarife erfreulicherweise fix und offiziell angeschrieben – und mache mich auf den Weg nach Amritsar, der heiligen Stadt der Sikhs. Auf dem Weg dahin erfolgt dann die offizielle Begrüßung über eine Tafel, die ich vom Taxi aus erblicke. »Indien, die größte Demokratie der Welt, heißt Sie willkommen«, steht da auf Englisch, Hindi und Urdu, der Staatssprache von Pakistan. Wenig später folgt eine weitere Tafel: »Der Punjab, Land der Flüsse und der Heiligen, heißt Sie willkommen.«

Der Zug

Ein Überfall in Indien weckt schlimme Erinnerungen an die Teilung

Vom Punjab bin ich in den Punjab gelangt, vom pakistanischen Teil mit der Hauptstadt Lahore in den indischen mit der Kapitale Amritsar. Die Grenzlinie hatte 1947 Sir Cyril Radcliffe gezogen. Als alle Verhandlungen zwischen den britischen Kolonialherren, dem Indischen Nationalkongress und der Muslim-Liga gescheitert waren und jeder Versuch, den Subkontinent als ein einziges Land in die Unabhängigkeit zu entlassen, sich als vergeblich erwiesen hatte, wurde Radcliffe, der nie zuvor in Südasien gewesen war, von London nach Neu-Delhi entsandt, um binnen weniger Wochen über die Konturen der beiden neuen Staaten Indien und Pakistan zu entscheiden. Die in vorangegangenen Volkszählungen ermittelten Mehrheitsverhältnisse der Religionsgruppen sollten ausschlaggebend sein. Neben den an Afghanistan und an das damalige Persien grenzenden Gebieten Nordwestgrenzprovinz und Baluchistan sowie Sindh ging der vorwiegend muslimische Westen des Punjab ebenso an Pakistan wie – in mehr als 1500 Kilometer Entfernung – der muslimische Osten von Bengalen, der sich 24 Jahre später als eigener Staat Bangladesch unabhängig machen sollte. Die Teilung führte zu einer der größten Völkerwanderungen der Geschichte. Mehr als zehn Millionen Menschen wurden zu

Flüchtlingen, Muslime aus Indien zogen nach Pakistan, Hindus und Sikhs aus Pakistan in die Gegenrichtung. Bis zu zwei Millionen Menschen kamen bei Massakern ums Leben. Die Identitätsfragen, die die Teilung aufwarf, sind bis heute nicht endgültig geklärt, das emotionale und soziale Gewebe, das damals zerrissen wurde, nicht wieder hergestellt, die Wunden nicht verheilt.

Zahllose Familien wurden für immer auseinander gerissen. Eine Geschichte erzählte mir Urvashi Butalia, Mitbegründerin des feministischen Verlages Kali for Women, 1997, kurz vor den Feierlichkeiten zum fünfzigsten Jahrestag der Unabhängigkeit. Butalia ist selbst zu jung, um die Teilung persönlich erlebt zu haben. Von den Gräueln, die damals passierten, hatte sie in ihrer Kindheit und Jugend aber oft gehört. Von Augenzeugen, aus zweiter und aus dritter Hand. Doch das meiste blieb für sie abstrakt, »irgendwie nicht real oder schlichtweg nicht zu glauben«, wie sie mir versicherte. Frauen, schilderte man ihr immer wieder, waren die Brüste abgehackt worden. Frauen hatten Selbstmord begangen, um Vergewaltigungen und Zwangskonversionen zu entgehen. Männer hätten lieber ihre Töchter, Gattinnen, Mütter, Nichten und andere weibliche Angehörige getötet, als sie in die Hände von Mitgliedern der jeweils anderen Religionsgruppe fallen zu lassen, die zu Feinden geworden waren.

Erschütternd konkret wurden die Berichte für Butalia erst 1984. Als es nach der Ermordung von Premierministerin Indira Gandhi durch ihre Sikh-Leibwächter zu massiven Ausschreitungen gegen die Sikhs in Neu-Delhi kam, engagierte sich Butalia in einer Hilfsorganisation. »Diese Gewalt ist wie bei der Teilung«, bekam sie zu hören. Und Betroffene begannen zu erzählen ... Diese Erlebnisse sollten Butalia nicht nur dazu veranlassen, ein Buch mit Zeitzeugenberichten herauszubringen. Sie begab sich auch auf die Suche nach ihrem Onkel Rana, dem jüngsten Bruder ihrer Mutter. Der hatte sich 1947 geweigert, von Lahore, dem Herkunftsort der Familie, der an Pakistan fiel, weg und nach Indien zu ziehen. Eine Weile gab es noch Briefkontakt, doch die Korrespondenz war der Polizei verdächtig, Reisen über die Grenze wurden schwierig. Und so brach der Kontakt ab. Butalia wusste lediglich, dass Rana zum Islam übergetreten war.

Im Sommer 1987 beschaffte sie sich ein Visum und fuhr nach Lahore. Der Onkel, der sie nie zuvor gesehen hatte, empfing sie mit Begeisterung. »Endlich«, sagte er ihr ein paar Tage später, »ist wieder jemand da von meiner Familie.« Aber, wandte sie ein, er hatte doch geheiratet, hatte Frau und Kinder. Nein, kam es zurück, für die war er der Fremde geblieben. So wie er stets »der Hindu« geblieben war für die im Viertel, die ihn schon vor seiner Konversion gekannt hatten.

Butalia fuhr noch mehrmals nach Lahore, nahm auch Mutter und Tante mit, Ranas Schwestern. Doch je besser sie alle verstanden, desto spürbarer wurde das Misstrauen von seiten von Ranas Frau und Kindern. Wollten »die Hindus von drüben« am Ende ihren alten Besitz zurückfordern? Was würden die muslimischen Verwandten von Ranas Gattin denn über diese Hindus im Haus denken? Würde das die Heiratschancen der Tochter beeinträchtigen? Rana begann sich zu sorgen. Seine Briefe wurden wieder seltener. Dann kam die schriftliche Bitte an Butalia: Halten wir den Kontakt nicht weiter aufrecht. Es macht die Dinge zu schwierig.

Wie und warum war es zur Teilung gekommen? War sie unvermeidbar? Waren die Muslime des Subkontinents wirklich eine eigene Nation mit Anspruch auf einen eigenen Staat, wie der erfolgreiche Anwalt und Leiter der Muslim-Liga, Mohammed Ali Jinnah, es 1940 in der Resolution von Lahore erklärt hatte? »Es ist ein Traum, dass Hindus und Muslime je eine gemeinsame Nationalität entwickeln können, und dieses Missverständnis von einer indischen Nation ist schon viel zu weit gegangen … es wird Indien zur Zerstörung führen, wenn wir unsere Vorstellungen nicht rechtzeitig revidieren … Die Muslime sind nach allen Definitionen von Nation eine eigene Nation und müssen ihr Heimatland, ihr Territorium und ihren Staat haben«, hatte Jinnah da verkündet. Doch auch Ende 1944 betonte der damalige britische Vizekönig Wavell: »Es ist schwer zu glauben, dass Jinnah, der bei all seinen Fehlern ein hochintelligenter Mann ist, es mit seiner Zwei-Nationen-Theorie ernst meint.« Jinnah trat nach Ansicht Wavells »für etwas ein, das er nicht durchdacht hat«. Lord Mountbatten, der letzte Vizekönig von Indien, schilderte nach einem Treffen mit Jinnah im April 1947, vier Monate vor der Unabhängigkeit und damit der Teilung: »Ich sagte ihm, dass ich es als große Tragödie betrachten würde, sollte er mich dazu zwingen, die Idee eines geeinten Indien aufzugeben.«

Unzählige Werke sind verfasst worden über den Unabhängigkeitskampf im Subkontinent und die dazu parallele Entstehung der großen Identitätskategorien der »Hindus« und »Muslime«; über die Muslim-Liga; darüber, wie die Muslime zu der Überzeugung kamen, dass sie als Minderheit in einem geeinten indischen Staat von der Hindu-Mehrheit stets politisch und religiös übervorteilt würden und keine Gleichberechtigung zu erwarten hätten; über Jinnah und seine Wandlung vom, wie er einst genannt wurde, »Botschafter der Einheit zwischen Hindus und Muslimen« zum Verfechter der Zwei-Nationen-Theorie; über die Verhandlungsstrategien des Kongresses und der Briten, die die Teilung am Ende nicht verhindern konnten. Für Mahatma Gandhi war die Zerstückelung des Subkontinents eine geistige Tragödie. Chauvinistische Hindus können sie den Muslimen, von denen Millionen in Indien blieben, bis heute nicht verzeihen.

Die Fülle der politischen Geschichtswerke steht in einem eigenartigen Widerspruch zum fast völligen Mangel an sozialwissenschaftlichen Studien. »Warum diese Absenz von Untersuchungen über die kulturellen, psychologischen und sozialen Auswirkungen? Es gibt keine Antwort auf diese Frage«, schreibt Ritu Menon, Urvashi Butalias Kollegin vom Kali-Verlag, im Vorwort ihres 1998 erschienenen Buches »Borders and Boundaries: Women in India's Partition«, das genau in diese Lücke hineinstößt. »Doch die Literatur«, fährt Menon fort, »hat sich des Themas angenommen, um zumindest teilweise den ganzen Horror der Teilung aufzuzeichnen.« Diese literarischen

Werke, Kurzgeschichten, Erzählungen und Romane, von denen sehr viele unmittelbar nach der Teilung verfasst wurden, »können als eine Art Sozialgeschichte angesehen werden, nicht nur, weil sie der Wirklichkeit so nahe kommen (was Alok Rai als ›hypnotische, faszinierte, aber auch sklavische Imitation der Realität‹ bezeichnet), sondern weil sie die einzigen nicht-offiziellen zeitgenössischen Aufzeichnungen darstellen, die wir neben Reportagen von jener Zeit besitzen«.

Als ich diesmal Ende Februar in Karachi eintreffe, ruft ein Überfall auf einen Zug in Indien erneut eine der schlimmsten Erinnerungen an die Teilung wach. Der Zug ist ein häufig wiederkehrendes Thema in der von Menon angeführten »Literatur als Sozialgeschichte«. Einmal mit Hindus und Sikhs auf dem Weg nach Indien, ein andermal mit Muslimen auf dem Weg nach Pakistan wurden Bahngarnituren von Angehörigen der jeweils anderen Konfession überfallen und nach einem grausamen Gemetzel voller Leichname über die Grenze geschickt.

»Hukum Chand war immer von der Vorstellung des Todes besessen gewesen. ... Aber eine Zugladung voller Leichen war selbst für ihn zuviel«, heißt es in »Train to Pakistan« des indischen Autors Khushwant Singh aus dem Jahr 1956. »Ein Zug aus Gurdaspur ist gerade angekommen. Alle sind tot. Niedergemetzelt. Es sind alles Muslime. Es sind keine jungen Frauen unter den Toten! Nur zwei Säcke voller Frauenbrüste!«, meldet eines Tages ein Protagonist in dem drei Jahrzehnte später publizierten Roman »Ice-Candy-Man« der pakistanischen Autorin Bapsi Sidhwa. Das sind nur zwei von zahllosen Schriftstellerinnen und Schriftstellern, die diesen Topos gewählt haben. Gemeinsam ist beiden Werken auch ein weiteres prominentes Thema der von der Teilung inspirierten Literatur: die Gewalt zwischen den Religionsgruppen, ja selbst die Verfestigung der religiösen Identitäten, unter der die Städte litten; in den Dörfern seien alle wie Brüder und Schwestern, ist eine in vielen literarischen Werken behandelte These. »Was bedeutet es für uns Dorfbewohner schon, ob ein Bauer ein Hindu, ein Muslim oder ein Sikh ist?«, fragt ein Mann in »Ice-Candy-Man«. »Wir brauchen keine Schwüre und dergleichen«, betont ein Mullah. »Brüder haben keine Eide nötig, um ihre Pflicht zu erfüllen«, verweist er darauf, dass sie alle einander schützen würden. Der weitere Verlauf der Geschichte widerlegt sie alle.

Wie es zu dieser verheerenden Gewalt selbst unter Nachbarn kommen konnte, die über Generationen friedlich mit- oder nebeneinander gelebt hatten, kann sich bis heute kaum jemand erklären. »Noch immer kann ich nicht verstehen, was in jener Zeit mit mir und den anderen Burschen aus dem Dorf geschah. Es war eine Sache von zwei Tagen; wir wurden mitgerissen von dieser ungezügelten Welle des Hasses … Ich kann mich nicht einmal daran erinnern, wie viele Menschen ich getötet habe. Es war … ein Bewusstseinszustand, über den wir keine Kontrolle hatten«, zitiert Urvashi Butalia in ihrem im Jahr 2000 veröffentlichten Buch »The other side of Silence – Voices from the Partition of India« (Die andere Seite des Schweigens – Stimmen von der Teilung

Indiens) einen Muslim, einen der hunderten Betroffenen aller Konfessionen, mit denen sie Gespräche geführt hat. Ein Sikh formuliert es so: »Ich kann es mir nicht erklären, doch eines Tages zog unser ganzes Dorf los zu einem nahe gelegenen Muslim-Dorf, um zu töten. Wir wurden einfach wahnsinnig. Und es hat mich fünfzig Jahre der Reue und schlafloser Nächte gekostet – ich kann die Gesichter derjenigen nicht vergessen, die wir getötet haben.«

Karachi

Muslime begrüßen einander mit »Assalam« – Friede

Der Zug, der diesmal in Indien überfallen wurde, sollte keine Staatsgrenze überqueren. Er war aus Nordindien gekommen und hatte soeben die Station Godhra im westindischen Bundesstaat Gujarat verlassen, als vermutlich extremistische Muslime angriffen und mehrere Waggons in Brand steckten, in denen Hindus aus Ayodhya zurückkehrten. Diese hatten sich dort als *Kar Sevaks* (Freiwillige) an den Vorbereitungen für einen Tempelbau an genau jener Stelle beteiligt, wo im Dezember 1992 fanatische Hindus eine Moschee zerstört hatten. 58 Menschen kommen in den Flammen um. Der Terrorakt führt in den darauffolgenden Tagen und Wochen zu den schlimmsten Ausschreitungen, die das Land seit einem Jahrzehnt erlebt hat. In zahlreichen Städten in Gujarat ersticht, erschlägt und verbrennt ein Hindu-Mob muslimische Bewohner, vergewaltigt muslimische Frauen, zündet ganze muslimische Wohnviertel an und zerstört muslimische Geschäfte sowie Moscheen.

Die pakistanischen Medien widmen den Ereignissen im Nachbarland ausführliche Berichte und Analysen. Fast täglich kommt es zu Kundgebungen in allen großen Städten. Religiöse Führer, Mitglieder diverser politischer Parteien, Studenten, Anwälte und andere Vertreter der Zivilgesellschaft demonstrieren gegen »Genozid«, »Massenmord« und »Pogrom« an Indiens Muslimen. Indien sei bloßgestellt, seine Behauptung, die »größte Demokratie der Welt zu sein«, entbehre nun endgültig jeder Basis, keine Rede mehr könne sein von einem pluralistischen Rechtsstaat, erklären die Kundgebungsteilnehmer in Reden und auf Transparenten.

»Das Massaker an Muslimen in Gujarat widerlegt Indiens Behauptung, ein säkularer Staat zu sein. ... Premier Atal Bihari Vajpayee wird alles unternehmen, um die Muslime auszurotten und seine BJP [Bharatiya Janata Party, Indische Volkspartei] an der Macht zu halten. Demokratie in Indien bedeutet einzig und allein die Herrschaft der Hindus«, ereifert sich ein Kommentator. Millionen Muslime zogen 1947 von Indien nach Pakistan, Millionen anderer Muslime aber beschlossen damals in Indien zu bleiben. Heute leben in Indien (eine Milliarde Einwohner, davon 82 Prozent Hindus) in etwa ebenso viele Muslime wie in Pakistan (140 Millionen Einwohner, 97 Prozent Muslime).

Zahlreiche Analysten betonen, wie sehr die Massaker in Indien erneut die Zwei-Nationen-Theorie untermauerten, auf deren Basis Mohammed Ali Jinnah und seine Muslim-Liga für die Teilung des Subkontinents und die Schaffung eines eigenen Staates für die Muslime – Pakistan – eintraten. Der Indische Nationalkongress, die spätere Kongresspartei, hat diese These stets vehement abgelehnt, derzufolge »Hindus und Muslime zwei verschiedenen Religionsphilosophien und Gesellschaftssystemen angehören. Zwei solche Nationen in einem einzigen Staat zusammenzubinden, die eine als numerische Minderheit, die andere als Mehrheit, muss zu wachsender Unzufriedenheit und schlussendlich zur Zerstörung des Gewebes oder der Regierung eines so errichteten Staates führen«, erklärte Jinnah 1940.

In die Verurteilungen des Nachbarlandes aber mischen sich bald auch andere Stimmen. Leserbriefschreiber weisen darauf hin, dass, wie einer formuliert, »es absolut keinen Grund für Pakistan gibt, nun selbstgerecht mit dem Finger auf Indien zu zeigen. Betrachten wir uns doch selbst und die Intoleranz in unserer Gesellschaft«, mahnt der Mann. Viele Kommentatoren betonen ebenfalls, wie »in unserer Islamischen Republik Muslime einander töten.«

»Bedrohung durch Sektierertum« lautet der Titel eines Berichts, der erklärt: »Das Sektierertum ist der Faschismus in unserem Land.« »Ein weiterer Arzt in Karachi erschossen, zwei verletzt«, kommt just zu dieser Zeit die Meldung. »Dr. Muzaffar Ali Samoo, vierzig Jahre alt, hatte seine Kinder in die Schule und seine Frau, eine Lektorin, zum College gebracht. Er war im Auto auf dem Weg nach Hause, als zwei unbekannte junge Männer von einem Motorrad aus auf ihn schossen … Er war auf der Stelle tot. … Dr. Samoo war der zweite Arzt, der binnen einer Woche einem derartigen Anschlag in der Stadt zum Opfer fiel«, berichtet die Tageszeitung *Dawn* Anfang März 2002 und erinnert daran, dass »73 Ärzte in den vergangenen zwei Jahren bei derartigen Mordanschlägen in Karachi getötet worden« sind. Auch der Fall des Anfang desselben Jahres in Karachi entführten und später ermordeten *Wall Street*

Journal-Reporters Daniel Pearl beschäftigt die Medien weiterhin.

Dabei ist die pakistanische Handelsmetropole mit ihren mehr als zehn Millionen Einwohnern heute friedlicher als noch Mitte der neunziger Jahre, als pro Monat mehr als zweihundert Menschen Anschlägen zum Opfer fielen und die Armee sich an neuralgischen Punkten der Stadt in Bunkern verschanzte. Ist dies das Pakistan, das Jinnah – der, wie heute immer wieder zu hören ist, einzige Staatsmann, den das Land in den ersten fünfeinhalb Jahrzehnten seines Bestehens gehabt habe – schaffen wollte? In Karachi pilgern Tag für Tag Menschen aus dem ganzen Land zu Jinnahs Grabmal. Im Jinnah-Haus in der Stadt zeigt mir der Führer voller Ehrfurcht alle Räumlichkeiten, deutet auf ein Foto und dann auf einen Sessel im Wohnzimmer: »Da, das ist genau der Sessel, auf dem er auf diesem Bild sitzt.« »Hier, in dieser Kommode, bewahrte er seine Wäsche auf«, öffnet er vorsichtig eine Lade nach der anderen. »Das ist der Raum, in dem er sich nur mit engsten Freunden traf.« Ganz genau beobachtet mich der Mann, ob ich wohl auch alles entsprechend würdige. Ich kann ihm gar nicht genug Fragen stellen. Bei jedem kleinsten Objekt, jedem Teller, jeder Kaffeetasse, die er mir zeigt, wartet er auf eine Reaktion, eine neue Frage. Voller Stolz weist er mich dann auf ein weiteres Foto hin: »Sehen Sie, dieses Bild an der Wand: eine Torte mit einer Kerze. Jinnah feiert den ersten Geburtstag von Pakistan.«

Pakistan. Karachi. Kaum einer kennt deren Kehrseiten so gut wie Abdul Sattar Edhi, der Gründer und Leiter des weltweit größten alternativen Sozialsystems, den ich im Stadtteil Mithadar treffe, wo er 1951 seine erste kleine Klinik für die Armen einrichtete. »Wir müssen nach Pakistan ziehen. In Indien werden wir keine freien Menschen sein«, hatte sein Vater die Memon-Gemeinde in Bantva im heutigen indischen Bundesstaat Gujarat zur Migration gedrängt. Nur in Pakistan würden sie »die Chance haben, in Frieden zu leben, und wir werden von der Gerechtigkeit der islamischen Gesetze regiert werden«, erinnert sich Edhi noch gut an die Hoffnungen seines Vaters. Er wird auch niemals vergessen können, wie es war, als sie sich in Karachi, der ersten Hauptstadt des neuen Staates, niederließen. In die Aufbruchsstimmung mischten sich gleich von Anfang an dissonante Töne. Sein Vater war entsetzt über die Gier, mit der die Zuwanderer sich auf Immobilien und Grundstücke stürzten, die die nach Indien fliehenden Hindus zurückgelassen hatten. »Sind wir als Räuber gekommen oder um eine Nation aufzubauen?«, brachte der Vater seine Enttäuschung zum Ausdruck.

Als kleiner Straßenhändler, der Bleistifte und Zündhölzer verkaufte, konnte Edhi die Animositäten zwischen den Zuwanderern beobachten. Aus den nordindischen Regionen Bihar und Uttar Pradesh waren sie ebenso gekommen wie aus Bengalen im Osten, Punjab und Gujarat im Westen und dem zentralindischen Hyderabad, dazu gesellten sich die Wirtschaftsmigranten aus den verschiedenen Teilen Pakistans. Muslime waren sie fast alle, aber was bedeutete das schon. Tief traf ihn der erste Mord, den er auf der Straße miterleben musste. Mit Ernüchterung verfolgte er die wachsende Kluft zwischen Armen und Reichen sowie die Entstehung der von Verbrechen und Illegalität geprägten Parallelwelten in der Stadt.

Hatte der Staatsgründer, der bereits dreizehn Monate nach der Unabhängigkeit starb, solch ein Pakistan vor Augen gehabt? Wollte er nicht einen modernen, progressiven Sozialstaat schaffen? Es waren Fragen, die Edhi quälten. »Jene, die ein Beispiel hätten setzen sollen, waren nur an ihrem eigenen Vorteil interessiert. Schon bald wurde mir klar, dass Wohlfahrt ihnen nicht einmal einen Gedanken wert war, Pakistans Wohlstand war keine Priorität für sie. Geld wurde gedruckt, Unternehmen wurden gegründet und der Kreis von Gier und Ausbeutung begann sich wie wild zu drehen. … Rasch wuchs die Zahl jener, die danach hungerten, in die Korridore von Einfluss und Macht Eingang zu finden«, hat Edhi in seiner Autobiografie »A Mirror to the Blind«, die nach vielen langen Interviews die Autorin Tehmina Durrani für ihn verfasste, ein vernichtendes Urteil über seine neue Heimat abgegeben.

Vor diesem Hintergrund erwarb er mit 2300 Rupien an eigenen Ersparnissen 1951 einen kleinen Raum in Mithadar, brachte auf der Straßenseite eine Box für Spenden an und gab seinem Unterfangen den Namen »Memon Voluntary Corps«. Der Grundstein war gelegt für Edhis Lebensprojekt. Er begann sich Grundkenntnisse in Medizin und Buchhaltung anzueignen und fand einen ersten Arzt sowie freiwillige Helfer für den Aufbau seiner Klinik für die Mittellosen, die sich ausschließlich aus Spenden von Bürgern finanzieren sollte. Menschen, die sich keinen Arzt leisten konnten, und Kranke, die kein Spital aufnehmen wollte, gehörten zu den ersten, derer er sich annahm. Doch da waren auch die Toten, die keine Angehörigen hatten oder von diesen im Stich gelassen wurden. Edhi brachte die Leichname zu sich, wusch sie und sorgte für ein Begräbnis. Da waren die verstoßenen Frauen; die Waisen; die Kinder, die von ihren Familien ausgesetzt worden waren, weil diese sie nicht ernähren konnten; die geistig kranken Menschen, um die sich die Gesellschaft nicht kümmerte. Edhi nahm auf, wen er konnte, Schritt für Schritt begann er, Heime und Betreuungszentren zu eröffnen und ein landesweites Sozialnetz inklusive Flugambulanzen aufzubauen. Was war das für ein Staat, fragte er sich immer wieder, ohne Ideale, ohne Vision, gebaut auf Treibsand.

Keiner hat ein erschütternderes Bild aus den Slums des neuen Landes gezeichnet als Shaukat Siddiqi in seinem 1959 in Urdu veröffentlichen Roman »Khuda ki basti«, der 2001 in englischer Übersetzung mit dem Titel »God's Own Land« erschien. »Was für eine Gesellschaft«, heißt es in einem der letzten Absätze des Buches. »Am Tag der nationalen Unabhängigkeit nehmen unsere an ausländischen Universitäten ausgebildeten Minister und Intellektuellen ihre Taschentücher heraus und vergießen Tränen für die Armen wie Nausha, Raja, Shami und Annu. Vielleicht war es ihr Schicksal, das sie zu dem machte, was sie geworden sind – ein Mörder, dem ein korruptes Gericht den Prozess macht; ein Leprakranker, dem nichts mehr bleibt, als auf die Ankunft des Todes zu warten; ein Rikschafahrer, der bei jedem Pedaltritt

Blut aus den Lungen spuckt; ein vielversprechender Jugendlicher, der nun bei den Eunuchen im Dienst steht, die jene unterhalten, von denen sie frömmlerisch verurteilt werden! *Allahu Akbar!* Groß ist Gott!«

Auf das Schicksal von Millionen Pakistanis würde diese Beschreibung auch heute zutreffen. »Die Politiker haben für sich das Geld konsumiert, das dem Land gehörte«, sagt mir Edhi in seinem Büro in Mithadar, wo er heute leichter anzutreffen und für Gespräche zugänglich ist, da er und seine Frau sich mehr auf die Koordination des Edhi-Netzwerkes konzentrieren, in dem inzwischen die vier Kinder – zwei Töchter und zwei Söhne – leitende Aufgaben übernommen haben. »Die Herrschenden«, sagt Edhi mehr als vier Jahrzehnte nachdem Siddiqi seinen Roman geschrieben hat, »haben den Menschen nur Armut, Arbeitslosigkeit und Elend gegeben.«

Nach den im Jahresbericht der Menschenrechtskommission angeführten Statistiken liegt die Analphabetenrate bei knapp dreiundfünfzig Prozent insgesamt und siebzig Prozent unter den Frauen. Dennoch gehört das Bildungsbudget Pakistans zu den weltweit geringsten. In Karachi besuchen weniger als dreißig Prozent der Kinder eine Schule, während in der Provinz Punjab fünfundvierzig Prozent der Schulen über gar kein oder ein völlig ungeeignetes Gebäude verfügen. Mehr als zwanzigtausend Lehrer im Punjab existieren lediglich auf dem Papier. Auch um Pakistans Gesundheitsbudget steht es nicht besser. Am Bruttonationalprodukt gemessen liegt es unter jenem von Bangladesch, Äthiopien oder Haiti. Achtzig Prozent der Zahnversorgung wird von Quacksalbern geleistet. Unklar ist die Zahl der Menschen, darunter viele Kinder, die in illegaler Schuldknechtschaft leben. Die meisten Stadtbewohner haben keinen Zugang zu Sanitäranlagen oder reinem Trinkwasser.

Was ist aus Pakistan geworden? Welchen Staat wollte Jinnah? Seit dem Herbst 2001 wird diese Frage landesweit debattiert, wie auch jene andere – wann Islamabad denn den Kampf gegen Terroristen, dem es sich auf globaler Ebene verschrieben hat, endlich auch zu Hause zu führen gedenke. Seit Pakistan sich der internationalen Allianz gegen den Terrorismus angeschlossen hat, beschäftigen sich Analysten nicht bloß mit den Beziehungen ihres Landes zu den USA und zu Afghanistan. Sie wenden den kritischen Blick auch verstärkt nach innen, auf die ethnischen, regionalen, sprachlichen, aber auch religiösen Konflikte, die diesen weltweit bisher einzigen eigens für die Muslime geschaffenen Staat von Anfang an gespalten haben. So begegnet die puritanische Deobandi-Sekte seit jeher den mystischen Sufis mit Misstrauen, die in der Minderheit befindlichen Schiiten geraten mit den Sunniten über Rechtsfragen, die Förderung ihrer jeweiligen Moscheen sowie ihr politisches Mitspracherecht aneinander.

Diese vielfältigen Spannungen und auch die Schwäche der Muslim-Liga, die nicht annähernd so stark in der Bevölkerung verankert war wie die Kongresspartei im Nachbarland Indien, verhinderten die Errichtung einer gefestigten Demokratie, was wiederum dem Militär die Handhabe für wiederholte Coups lieferte. Mehr als die Hälfte der Zeit seit 1947 hat die Armee nicht nur Pakistan regiert, mit Militärdiktator Zia ul Haq (1977–1988) begann zudem jener gefährliche Abstieg in den Extremismus, den Pakistan bis heute nicht umkehren konnte.

»Pakistan, das im Namen des Islam geschaffen wurde, wird nur überleben, wenn es dem Islam treu bleibt. Deshalb halte ich die Einführung eines islamischen Systems für eine essenzielle Bedingung für das Land«, erklärte Zia. Das Bestreben der USA, die 1979 in Afghanistan eingefallenen Sowjets wieder zu vertreiben, sei Zia nur recht gewesen, betont nun der Analyst A. B. S. Jafri. Der Kampf war die Stütze, »die ihm zu einem Jahrzehnt absoluter Macht verhalf« und die er auch zur Islamisierung des Landes und der Armee nutzte. Unabhängig davon, ob Militär- und Politikwissenschafter Zias Kurs in dessen persönlichem Glauben, seinem Bemühen um die Festigung der pakistanischen Identität oder in einer zynischen Rechtfertigung seines illegitimen Regimes begründet sehen, fest steht, dass sie zur Lösung keines einzigen Konflikts und ebenso wenig zur Einigung unter den zahlreichen muslimischen Schulen und Sekten beitragen konnten.

Im Zuge der Revolution im Iran und der Mobilisierung der Mudschaheddin in Afghanistan entstand vielmehr auch in Pakistan eine Vielzahl neuer radikaler Gruppierungen. Nicht nur Flüchtlinge kamen ins Land, dieses wurde auch zusehends mit Waffen überschwemmt, die rivalisierende islamistische Organisationen rücksichtslos gegeneinander einzusetzen begannen. Diese Gruppen »sind durch die Untätigkeit und das ›Appeasement‹ (Beschwichtigungspolitik) diverser Regierungen nur noch weiter ermutigt worden, bis sie zu der Überzeugung gelangten, dass sie ihre Gegner ungestraft töten können«, beklagt ein Kommentator. Weder wurden die von Zia initiierten Gesetze der Scharia von seinen demokratisch gewählten Nachfolgern, den Premiers Benazir Bhutto (1988–1990, 1993–1996) und Nawaz Sharif (1990–1993, 1996–1999) rückgängig gemacht – Sharif führte sogar selbst Scharia-Gesetze ein – noch griffen die beiden Regierungschefs gegen radikale Gruppen durch.

Wieviele solcher Gruppierungen – die sich Sipahs (Armeen), Jaish (Brigaden), Lashkar (Armeen auf dem Vormarsch), Tehriks und Harakats (militante Bewegungen) nennen – es heute gibt, kann keiner genau sagen. Schätzungen sprechen von mehr als achtzig. »Die meisten von ihnen sind bewaffnet und bekämpfen einander rücksichtslos«, betont ein Kommentator der angesehenen englischsprachigen Wochenzeitung *The Friday Times*. »Dies alles«, beklagt er, »geschieht trotz der Tatsache, dass der Islam eine Religion ist, die sich zur Einheit bekennt: Ein Gott, ein Prophet (der Friede sei mit ihm), ein Buch und eine *Ummah* (Familie).« Seine ernüchternde Schlussfolgerung lautet: »Allein in dieser islamischen Republik [Pakistan] hat der religiöse Extremismus die Botschaft der Einheit in einen grausamen Witz verkehrt.« »Muslime begrüßen einander mit *Assalam*, Friede. Nur allzuoft aber kommt es heute in Pakistan vor, dass ein Muslim einen anderen mit einem Dutzend Kugeln durchlöchert«, rief im Herbst 2001 ein Experte in Erinnerung.

Für Edhi war der Islam nicht mehr als das Motiv für die Staatsgründung – wo denn sei das Land dem Geist dieser Religion, wie er sie, zugegebenermaßen als Laie, verstehe, gerecht geworden? Diese Ansicht hat er, ein Mensch der Tat und weniger der Worte, auch Zia ul Haq nicht verheimlicht, als der ihn – in einem der zahlreichen Versuche diverser Machthaber und Parteien, Edhi auszuschalten, zu kooptieren oder für eigene Zwecke einzuspannen – 1984 in seine Shura einberief. »Eine Herrschaft, die auf Viktimisierung, Selbsterhalt und Gier aufgebaut ist, ist visionslos, und sie ist auch destruktiv«, erklärte Edhi seiner Autobiografie zufolge damals vor versammelter Runde. »Dieses Land«, betonte er, »benötigt Hilfe, um sich von seiner Vergangenheit und nun von seiner Gegenwart zu erholen. Die Menschen sind lange genug vernachlässigt worden, eines Tages werden sie sich wie Besessene erheben und diese Wände niederreißen, in denen ihre Zukunft eingesperrt ist. Achten Sie auf meine Worte, befolgen Sie diese, bevor Sie vom Jäger zum Gejagten werden.« *Ghaddar* (Verräter), warfen ihm damals Stimmen aus dem Saal vor. Es war nicht die Zeit für ehrliche Debatten.

Edhi hat sich dabei nie angemaßt, die konkrete Entwicklung des Landes und die Entstehung der zahlreichen radikalen Gruppen in dieser Form vorausgesehen zu haben. Er kam aber schon früh zu der Überzeugung, dass »verbrecherische« Lebensbedingungen – und damit meint er die Aussichtslosigkeit und Perspektivlosigkeit, in der Millionen aufwachsen – viele Menschen zu Kriminellen machen. Ist es rechtens, jene zu bestrafen, denen nie Gerechtigkeit widerfahren ist? Wo nimmt denn das Verbrechen seinen Ausgang? Mit solchen Überlegungen quälte er sich nicht bloß alleine herum, im Zuge seiner Arbeit mit Jugendlichen hat er es oft genug mit Gefängniswärtern und Richtern zu tun gehabt, die er dann mit seinen Thesen zum Thema Verbrechen konfrontierte.

»Menschlichkeit« ist Edhis Leitprinzip, nicht der Islam, auch wenn er auf die Frage, wie er bei allen Schwierigkeiten und Anfeindungen durchhalten konnte, immer wieder betont, »es ist Gottes Gnade«. Aber Menschlichkeit, sagt er, ist nicht das Privileg einer Religion. Die skandinavischen Länder mit ihrem Sozialsystem sind seit langem das große Vorbild für ihn. Ob Pakistan je dahin gelangen wird? Edhi hat sein eigenes Ziel – Hilfe zur Selbsthilfe und ein von den Menschen geschaffenes kollektives Sozialsystem, auch wenn selbst dieses auf Widerstand stößt. »Es gibt genügend konservative Kräfte in diesem Land, die die Gesellschaft in ihrer jetzigen Form erhalten möchten, die unsere Vorstellung von Entwicklung ablehnen, die nicht wollen, dass die Menschen sich emanzipieren«, sagt mir Edhis Sohn Faisal später. Als ich in sein Büro in einem anderen Stadtteil von Karachi komme, zeigt er mir einen Brief an die Stadtverwaltung, den er gerade verfasst hat. Es geht um Spitäler, die sich weigern, Edhis Krankenwagen vorfahren und parken zu lassen. »Private Krankenwagen haben dieses Problem nicht. Aber von denen ist ja etwas zu holen«, erklärt Faisal Edhi. »Wir arbeiten auf nicht-kommerzieller Basis. Wir arbeiten nur im Dienst der Menschen. Und das sehen manche als unser Problem.«

Junoon

Eine Rockband singt mit Leidenschaft für den Frieden

»Ladies and Gentlemen: Junoon, the number one rockband in Asia.« Frenetischer Applaus, Pfiffe und Schreie erfüllen den Ballsaal im Pearl Continental Hotel in Karachi. »Die *New York Times* hat die Band als U2 von Pakistan bezeichnet«, sind noch die Worte der Moderatorin zu vernehmen, bevor Salman Ahmed, Ali Azmat und Brian O'Connell das Podium betreten und zu ihrem ersten Song, ihrem großen Hit »Jazba-e-Junoon« ansetzen. »Solange du die Leidenschaft in dir trägst, wirst du nie aufgeben, wer beharrt, wird die Sterne erreichen … in aller Augen ist Pakistan, vergiss das nie, Pakistan ist deins, Pakistan ist unseres, unser Zuhause, unsere Heimat«. An die hundert Studentinnen leben begeistert mit. Alle sind in ihren Collegeuniformen gekommen, einem weißen *Shalwar* (weiten Hosen), blauen *Kamis* (langem Hemd) und weißen *Dupattas* (Schals). Manche tragen weiße Kopftücher. Wenn diese sie noch kurz vor Konzertbeginn sehr brav erscheinen ließen, so ist der Eindruck nun wie weggefegt. Die Frauen schwingen ihre Arme und Körper, kreischen und gröhlen. Als wenig später das Lied »Azadi« (Freiheit) erklingt, stimmen die meisten mit ein. Sie kennen die Worte in- und auswendig. »Mit Leidenschaft und Liebe wird die Freiheit errungen … dieses Land ist rein, es ist meine Seele und mein Körper … Oh Land Pakistan!«

Zellner
Marek

Der Auftritt von Junoon an diesem Tag dauert nur eine halbe Stunde. Es ist kein richtiges Konzert, die Band wollte sich anlässlich der Präsentation ihrer neuen CD, des ersten Livealbums in der noch jungen Rockgeschichte des Landes, nicht mit einer Pressekonferenz begnügen. Neben den Vertretern der Medien hat sie daher Studentinnen aus zwei Colleges geladen und sich zu einer kurzen Show entschlossen. Groß prangt der Name des Sponsors Coca-Cola auf den Postern, die neben T-Shirts und der CD verteilt werden. Das Album enthält fast keine neuen Songs, dafür belegt es den weiten Weg, den die Band seit ihrer Gründung vor zehn Jahren zurückgelegt hat. In den USA, Dänemark, Dubai und China hat sie im Jahr 2001 unter anderem Konzerte gegeben und die CD enthält Ausschnitte von allen diesen Auftritten.

»Gigs für Mädchencolleges machen uns wirklich enormen Spaß«, sagt Gitarrist Salman Ahmed am nächsten Tag im Interview bei sich zu Hause in einem Villenviertel von Karachi. »Die meisten dieser Frauen fühlen sich innerhalb ihrer Familien sehr eingeengt. In Gegenwart ihrer Eltern würden sie nie ausflippen. Aber wenn sie unter sich sind, sind sie wie verwandelt. Das können wir seit zehn Jahren beobachten. Bei Shows flippen die Mädchen genauso aus wie die Burschen.«

Unterhalten ist freilich nur eines der Anliegen von Junoon, was so viel wie Leidenschaft bedeutet. Die Band, die selbst das Prinzip der Einheit in der Vielfalt repräsentiert – Gitarrist Salman Ahmed ist ein Sunnit, Sänger Ali Azmat Schiit, der aus New York gebürtige Bassgitarrist Brian

O'Connell ein Christ – hat sich von Anfang auch als politisches Sprachrohr verstanden. Und das kann in Südasien ein beträchtliches Risiko mit sich bringen. Patriotische Lieder wie »Jazba-e-Junoon« oder »Azadi« erregen keinen Anstoß. Im Gegenteil. General Pervez Musharraf, der sich im Herbst 1999 an die Macht putschte und später selbst zum Präsidenten ernannte, lud die Band sogar ein, mit diesen beiden Songs am 25. Dezember 2001 bei den Feierlichkeiten zum 125. Geburtstag von Pakistans Staatsgründer Mohammed Ali Jinnah aufzutreten. Afghanistan, der Kaschmir-Konflikt mit Indien, die Probleme mit den muslimischen Extremisten im eigenen Land, das alles trat für einige Stunden in den Hintergrund, während Musharraf selbst bei der Gedenkzeremonie an Jinnahs imposantem Grabmal in Karachi mit Junoon mitsang und mitklatschte.

Sich mit den Missständen in Pakistan auseinanderzusetzen, ja selbst für den Frieden am Subkontinent einzutreten, kann dagegen unangenehme Folgen nach sich ziehen, zumal wenn man bei der Wortwahl nicht vorsichtig genug ist. »Die ganze Musik, die ich geschrieben habe«, sagt Ahmed, »war eine Reaktion auf Extremismus in der einen oder anderen Form, auf Gewalt, Armut, Identitätskrisen.« Die gezielte Islamisierung unter dem Militärregime von Zia ul Haq (1977–1988) und den Krieg in Afghanistan bezeichnet er als prägende – und verheerende – Ereignisse, die weit über die Gründungszeit der Band bis heute nachwirken. »Der Krieg hat Pakistan wirklich stark mitgenommen. Wir hatten Millionen Flüchtlinge aus Afghanistan, die hier Zuflucht suchten. In einem Land wie dem unseren, das ohnedies schon so arm war. Die Jugend in Pakistan wurde von einer Drogen- und Waffenkultur überschwemmt. Frieden war daher etwas, wonach wir uns als Studenten alle sehnten. Frieden und Identität, eine echte Identität. Die zentrale Idee von Junoon war die: wir wollten ein einheimisches, authentisches Statement für die Jugend abgeben. Die Jugendlichen in Pakistan wollten sich einfach ausdrücken, sie fühlten sich wie in Ketten gelegt. Und unsere Musik, die Musik von Junoon, steht für Freiheit und Self-Empowerment.«

Die Rückkehr zur Demokratie aber brachte nicht die Freiheit, auf die die Jugendlichen gehofft hatten. »In den neunziger Jahren hatten wir unter Benazir Bhutto und Nawaz Sharif zwei demokratisch gewählte Regierungen, aber immer wurden sie wegen Korruption entlassen. Die Hälfte der Menschen in Pakistan lebt unter der Armutsgrenze, aber unsere Politiker leben wie Könige und Königinnen. Da schrieb ich 1996 ein Lied über Verantwortlichkeit und machte dazu ein Video mit einer sehr satirischen Sicht auf die Politiker.« Die Bilder von einem Pferd beim Diner in einem Luxushotel kamen in den Korridoren der Macht nicht besonders gut an. Junoon wurde aus dem pakistanischen Staatsfernsehen und Radio verbannt, öffentliche Auftritte wurden verboten, ja selbst Todesdrohungen wollen die Mitglieder nach eigenen Angaben erhalten haben. »Unser Job als Musiker sei es, die Menschen zu unterhalten, hieß es, nicht soziale und politische Themen zu kommentieren. Dabei war Pakistan angeblich eine Demokratie. Was für eine Scheinheiligkeit. Die

Demokraten waren Faschisten, sowohl Benazir Bhutto als auch Nawaz Sharif waren Faschisten. Wir hätten nur spielen dürfen, wenn wir uns entschuldigt und gesagt hätten, ja, es war unser Fehler, wir werden nie wieder einen Song gegen Sie schreiben.«

Die Band, die Sänger Ali Azmat einmal als »musikalische Guerilla« bezeichnete, die »der schweigenden Mehrheit in Pakistan eine Stimme verleiht«, aber war nicht zum Schweigen zu bringen. In schwierigen Zeiten fanden ihre Auftritte eben in Privathäusern statt, über Mundpropaganda im Bekanntenkreis und an der Universität, wo Ahmed ein Medizinstudium absolviert hatte, erfuhren schon genügend Leute vom jeweils nächsten Termin.

Und dann folgte das denkwürdige Jahr 1998. »Sayonee« (Seelengefährte), das erste Lied auf Junoons Debutalbum in Indien, wurde in ganz Südasien zu einem riesigen Hit. Zwei Monate lang war der Song über die Sehnsucht nach Frieden die Nummer eins auf *MTV Asia* und dem Musikkanal *Channel V*. *Zee TV* lud die Band nach Mumbai ein, wo sie bei den Zee Cineawards vor der Crème de la Crème der indischen Film- und Unterhaltungsindustrie auftreten sollte. »Es war«, schildert Salman Ahmed selbstsicher, »wie damals, als die Beatles nach Amerika gingen, allerdings mit dem entscheidenden Unterschied, dass sich damals Großbritannien und die USA nicht in einer Art Kriegszustand miteinander befanden.«

Die Beatles und ganz besonders deren Engagement gegen den Vietnamkrieg nennt Ahmed als eine wichtige Inspiration. Neben westlichen Vorbildern aber nährt sich Junoon stark aus einheimischer Sindhi- und Punjabi-Volksmusik und insbesondere dem Sufismus, dem islamischen Mystizismus. Rumi und Baba Bulleh Shah nennt Ahmed als seine liebsten Sufi-Poeten, »das sind Dichter aus dem 17. und 13. Jahrhundert, die im Subkontinent lebten und ihn bereisten. Ihre Botschaft war eine von Einheit, Friede, Toleranz. Und diese Botschaft ist für die heutige Welt, für das 21. Jahrhundert von so großer Relevanz. Unsere Jugend will Musik, die nicht nur wie Eiscreme und Fastfood ist. Sie will etwas, an dem sie sich anhalten kann. Das ist, denke ich, mit ein Grund, warum Junoon auch die Inder so ansprechen konnte.« Auf ihrem Baba Bulleh Shah gewidmeten Album »Parvaz« (Flug) weist Junoon ausdrücklich darauf hin, dass Shah »von Muslimen, Hindus und Sikhs gleichermaßen verehrt wird.«

Die Tournee 1998 mit restlos ausverkauften Konzerten und wiederholt bis zu fünfzigtausend Zuhörern führte Junoon kreuz und quer durch das Nachbarland. »Damals wurde mir bewusst, dass die Menschen in Indien die gleichen Probleme haben wie wir in Pakistan: Armut, Analphabetentum, Arbeitslosigkeit, Obdachlosigkeit, Intoleranz. Es gibt so viel religiösen Extremismus, so viel Intoleranz in Indien. Ich sagte mir, wir müssen darüber hinauswachsen. Unsere Generation muss diesen Hass und diese Feindschaft überwinden. Wir stellten 1998 wirklich eine spirituelle Verbindung mit Indien her«, erzählt Ahmed.

Doch dann kam plötzlich im Mai die Meldung von den indischen und kurz darauf von den pakistanischen Atomtests. »Und mittendrin in diesen neuen Spannungen waren wir, diese Band aus Pakistan, die für den Frieden eintrat.« Bei einem Konzert in Delhi schwenkten Jugendliche Transparente mit den Worten »We want cultural fusion, not nuclear fusion«. In Interviews mit den führenden Fernsehsendern wie *BBC*, *ZTV* und *CNN* sprachen sich Junoon dezidiert gegen die Atompolitik aus. »Können wir uns wirklich einen nuklearen Rüstungswettlauf leisten in einer Region mit so viel Armut und Elend, wo Millionen hungernder Menschen unter miserablen Bedingungen leben? Wäre es nicht besser, wenn Indien und Pakistan versuchten, einander in den Bereichen Bildung, Gesundheit und wirtschaftliche Entwicklung zu inspirieren?«, fragten die Mitglieder der Band.

Ali Azmat betonte, dass doch alle Menschen eins wären. »Eins«, »Einigkeit«, »Einheit«, er hatte wohl nicht bedacht, wie heikel solche Worte im Subkontinent sein können. Hatte er etwa vorgeschlagen, Indien und Pakistan sollten eins werden, ein einziges Land und hatte er damit die Existenzberechtigung von Pakistan infrage gestellt? Staatsverrat, begannen einige Kritiker zu Hause zu murmeln. Nicht, dass das Regime Sharif nicht schon vorher allerlei Handhabe gegen die Band vorgebracht hätte. Die langen Haare wurden ihnen zum Vorwurf gemacht, dann hieß es, sie würden die religiösen Gefühle der Menschen verletzen, weil sie die Worte heiliger Sufis für ihre Rockmusik heranzögen. Nun wurde ihnen, die sich für die Atomtests einfach nicht begeistern konnten, aus ihrem mangelnden Patriotismus ein Strick gedreht.

Aber auch der hat Junoon nicht erwürgen können. 1999 zeichnete die Unesco, die UN-Organisation für Erziehung, Wissenschaft und Kultur, die Band für ihr Engagement für den Frieden in Südasien aus und lud sie ein, neben Lionel Richie, Montserrat Caballe, Zubin Mehta und anderen Künstlern von Weltruf bei einem Konzert für den Frieden in Paris aufzutreten. Mit Gruppen aus Indien und Bangladesch gab Junoon 2001 in Delhi ein Benefizkonzert für die Opfer des Erdbebens im indischen Bundesstaat Gujarat. Als Reaktion auf die Bombenangriffe auf Afghanistan trat die Band im Oktober 2001 in Islamabad bei einem Konzert für die afghanischen Flüchtlinge auf. UN-Generalsekretär Kofi Annan bat Junoon, am 24. Oktober vor der Generalversammlung der Vereinten Nationen zu spielen. Daneben gab die Band nach den Terrorakten vom 11. September noch eine Reihe von Friedenskonzerten in den USA. Schon zuvor, im Juni 2001, war Salman Ahmed zum UN-Botschafter des Guten Willens im Kampf gegen Aids ernannt worden.

»Nie hätte die UNO Interesse an mir gezeigt, wenn ich nach meinem Studium wirklich Arzt geworden wäre, sage ich heute meiner Familie«, lacht Ahmed und weist auf das Foto in seinem Wohnzimmer, das ihn mit Kofi Annan zeigt. »Musiker zu werden war die richtige Entscheidung. Ich glaube an die heilende Kraft der Musik«, meint er. Wird sie auch im Subkontinent Wirkung zeigen? Es wird dauern, ist Ahmed überzeugt. »Die jungen Leute in Pakistan und Indien belastet nicht das Gepäck von vor fünfzig Jahren«, meint er optimistisch und muss dann doch zugeben: Gerade in Nordindien hat er auch junge Menschen kennen gelernt, die die Wunden der Teilung nicht verheilen lassen wollen. Aber zumindest die Mehrheit, ist sich Ahmed sicher, »möchte ihr Leben leben. Was sie nervt, ist, dass die beiden Regierungen kein normales Leben zulassen. Nach dem Überfall auf das indische Parlament vom 13. Dezember sind alle Bahn-, Bus- und Flugverbindungen vorübergehend aufgehoben. Die Menschen der beiden Länder können einander nicht treffen. Das ist die größte Gefahr. Wenn man Menschen fern voneinander hält, können sie ja nicht miteinander reden. Ich habe auf den Tourneen durch Indien so viele Freundschaften geschlossen, ich bin mit diesen Freunden in E-Mail-Kontakt. Aber solange regelmäßige persönliche Kontakte und Treffen zwischen Bürgern der beiden Länder nicht möglich sind, werden die Spannungen weiter bestehen.«

An eine rasche Aussöhnung mit Indien glaubt Ahmed nicht. Wenn zumindest die jüngste, durch den 13. Dezember 2001 ausgelöste Krise abflauen würde, dann könnte sich die Band aber möglicherweise einen großen Wunsch erfüllen, mit dem sie sich bereits an Präsident Musharraf gewandt hat: Junoon möchte unbedingt ein Konzert in Wagah an der pakistanisch-indischen Grenze geben.

Grand Trunk Road

Per Auto und Bus über das Rückgrat von Hind

In einer Nische weiter hinten im Lokal gibt es auch ein paar Tische und Stühle. Doch die meisten Männer haben ihre Schuhe ausgezogen und sitzen mit verschränkten Beinen auf einer Art Podium, die einen mit dem Rücken zur Wand, die anderen ihnen gegenüber. Dazwischen ist ein etwa fünfzig Zentimeter breiter Plastikstreifen gebreitet, auf dem das Essen serviert wird. Speisekarte gibt es keine, das Menü besteht aus riesigen Tellern mit dem mit Rosinen gekochten so genannten afghanischen Reis, unter dem sich ein großes Stück Fleisch verbirgt; Kartoffeln und Karotten mit Fleischbrocken in einer pikanten Sauce in kleinen runden Schalen und großen Fladenbroten. Dazu wird stark gesüßter grüner Tee in Kannen und winzigen Schälchen serviert. Jetzt zur Mittagszeit ist das Lokal gesteckt voll und es wäre allein schon akustisch schwierig, einem einzelnen Gespräch zu folgen. Einem solchen Versuch steht aber bereits die Sprachbarriere entgegen. Der eine Mann dort – ich bin die einzige Frau im Raum – spricht eindeutig Urdu, die Staatssprache von Pakistan. Brocken von Punjabi dringen an mein Ohr, auch Pashtu glaube ich ausmachen zu können. Doch die meisten Wörter klingen fremd. »Was reden denn die Leute hier?«, frage ich Abdul Rashid, meinen Chauffeur, mit dem ich von Rawalpindi hierher nach Peshawar in die Nähe der afghanischen Grenze gekommen bin. Rashid, Pashtu-sprachiger Pathane, konzentriert sich, muss aber passen. »Tut mir Leid«, sagt er. »Viele Jahre lang habe ich in Karachi gelebt und mir dort umgangssprachliches Sindhi, Baluchi und Punjabi angeeignet. Aber hierher komme ich nicht so oft. Daher verstehe ich vieles nicht.« »Der dort ist Usbeke«, deutet ein Mann, der uns offenbar zugehört hat, auf einen älteren Herrn und erklärt gleich weiter auf Englisch: »Der daneben ist Tadschike, und ich selbst bin Pathane, spreche aber unter anderem auch Farsi (das afghanische Persisch). Wir sind Händler und polyglott. Schließlich sind wir hier in Peshawar«, fügt er dann noch stolz hinzu.

Der Mythos der Stadt und der umliegenden Region, der Nordwestgrenzprovinz, wurde ganz entscheidend von den Briten genährt. Sie bezeichneten die hier einheimischen Pathanen (oder, wie sie auch genannt werden, Paschtunen) als »kriegerisches Volk« und rekrutierten sie in großer Zahl in die Kolonialarmee. Rashid trifft freilich eine klare Unterscheidung zwischen jenen Pathanen, die, wie er selbst, aus der Norwestgrenzprovinz und damit einer der vier Verwaltungsregionen von Pakistan stammen, und den anderen. Zu denen gehören die Pathanen in den autonomen Gebieten entlang der afghanischen Grenze, den so genannten »Tribal Areas« wie der Khyber Agency, Orakzai, Mohmand oder Waziristan, und jene in Afghanistan. Wie in so vielen Teilen der Welt haben die Briten auch hier eine willkürliche Grenze, die so genannte Durand-Linie, mitten durch ein ethnisches Siedlungsgebiet gezogen, in diesem Fall das der Paschtunen.

Für die Afghanen, deren riesige Flüchtlingslager die Straße vor und nach Peshawar säumen, hat Rashid nichts übrig. »Pakistan ist ein armes Land, wir können uns diese Millionen Flüchtlinge nicht leisten«, betont er. »Außerdem haben sie uns nur Drogen, Kalaschnikows und Gewalt gebracht.« Aber auch die Pathanen in den autonomen Gebieten kommen bei ihm nicht gut weg. »Same same people here and there« (ganz genau die gleichen Menschen da wie dort), hatte er zwar noch am Vortag über die Pathanen gesagt, doch nun klingt das ganz anders. »Bei denen herrschen die absolute Gesetzlosigkeit, Alkohol, Drogen und Waffen. Ich würde ja gerne mit Ihnen einfach so zum Khyber fahren, aber es ist schon besser, wir holen uns eine Erlaubnis und einen bewaffneten Begleiter«, meinte er am Morgen. Und so nahm ein schweigender, Kalaschnikow-bewehrter Beschützer auf dem Beifahrersitz neben ihm Platz, als wir uns auf den Weg zum legendären Pass machten, der seit mehreren Jahrtausenden die Brücke von Zentralasien in den Subkontinent darstellt.

Rund zweihundert Kilometer sind es von hier nach Kabul, das früher durch einen regelmäßigen Busverkehr mit Peshawar verbunden war. »Da von diesem Tor fuhr der Bus täglich ab«, weist mich Rashid beim Bummel nach dem Mittagessen in Peshawar auf eines jener alten Gebäude mit geschnitzten Holztoren und -balkonen, die heute zunehmend dem Verfall preisgegeben sind. Wenn er auch zuvor bei linguistischen Fragen passen musste, so will er mir nun dafür die Stadt zeigen. Im Kissa-Kahani-Bazar kennt er einen Händler, dessen Großvater noch davon berichten kann, wie es einmal zuging auf diesem »Markt der Geschichtenerzähler«. »Da kamen Menschen aus Zentralasien, Persien, China und Indien auf ihren Handelsreisen zusammen und tauschten ihre Erfahrungen aus. Die ließen sich noch Zeit«, meint der Mann, der heute Ventilatoren, Wecker und Handys in seinem Sortiment führt.

Einige Bazare, wo Gewürze, Tee und Zucker verkauft werden, haben sich noch eine ältere Atmosphäre erhalten. In den engen gewundenen Gassen thronen die Händler inmitten ihrer riesigen Säcke und Kisten. In einigen Lokalen wird in riesigen eisernen Töpfen *Khir*, mit Rosenwasser und Pistazien zubereiteter Milchreis, gerührt. Von einem überfüllten Teehaus aus laufen Burschen mit Kannen und Schälchen zu den umliegenden Läden, um die Männer mit Tee zu versorgen. »Da probieren Sie«, reicht mir ein Händler ein Stück Zuckermelasse entgegen. »Kosten Sie zumindest den *Khir*«, bietet mir wenig später ein anderer einen Teller an. »Wollen Sie nicht wenigstens eine Tasse Tee!« Eine … die wievielte wird es wohl sein an diesem Tag. Längst habe ich aufgehört zu zählen. Armer Rashid! Er hatte es sich nicht nehmen lassen, mich zu begleiten, doch das Stehenbleiben, schauen, drei Schritte gehen, wieder halten, schauen, ein paar Worte wechseln macht ihn nervös. »Treffen wir uns doch beim Auto wieder«, schlage ich ihm schließlich vor. Denn mein Weg durch die Bazare wird noch dauern. Er kann indes in Ruhe seine Sandalen kaufen gehen, die in Peshawar »viel billiger und besser« sind als in Rawalpindi, wie er mir versichert.

Um drei Uhr nachmittags ist es dann soweit.

Mit Orangen, Datteln und Nüssen versorgt machen wir uns auf die zweite Etappe unserer Fahrt entlang der Grand Trunk Road oder auch GT Road. Auf die Idee, die Strecke zumindest von der afghanischen Grenze durch den Norden Pakistans und dann bis Delhi abzufahren, hat mich wenige Monate zuvor auf einer anderen Pakistanreise Ashfaq Khan gebracht. »Eine Touristin!«, begrüßte er mich damals begeistert, als ich mich wegen einer Businformation an die staatliche Tourismusbehörde (TDCP) in Lahore wandte. Der Überschwang ließ sich leicht erklären: Die Spezies der Reisenden war rar geworden in Pakistan nach dem 11. September. Nur ganz wenige Touristen waren seither in das Büro gekommen, wo Khan beschäftigt ist. Die Minibusse blieben zumeist in der Garage, von den großen Bussen gar nicht zu reden. Für die wenigen Personen, die sich für eine Stadtführung oder eine Fahrt zum Fahnenritual an der Grenze zu Indien interessierten, genügte ein Pkw.

Dabei hatte der Fall Kabuls wieder neue Hoffnungen geweckt. Wenn in Afghanistan wieder Friede herrschte und sich die Spannungen zwischen Pakistan und Indien im üblichen Rahmen hielten, sollte es dann nicht in Bälde erneut möglich sein, sich auf die 2500 Kilometer lange Fahrt auf der Grand Trunk Road zu begeben? »Stellen Sie sich vor: Im Wagen von der afghanischen Hauptstadt über Peshawar, Rawalpindi, Lahore, Wagah-Attari, Jullundur und Ludhiana bis Delhi und dann durch die Ganges-Jamuna-Ebene über Allahabad und Varanasi bis nach Kalkutta reisen«, schwärmte mir Ashfaq Khan vor. Auch wenn er selbst natürlich nur einen Teil der Strecke führen würde können, ließ ihn der Gedanke daran in Begeisterung verfallen. Doch das war vor dem Terroranschlag auf das indische Bundesparlament am 13. Dezember, vor den neuerlichen Kriegsdrohungen zwischen Islamabad und Neu-Delhi und bevor alle Verkehrsverbindungen in der Luft und zu Lande zwischen den beiden Staaten unterbrochen wurden und bis auf weiteres nur mehr Ausländer die Grenze bei Wagah überqueren dürfen.

Nomaden, Händler, Reisende, Abenteurer, Eroberer, Mönche und Pilger sind entlang der GT Road gezogen, lange bevor sie diesen Namen erhielt und lange bevor die heutigen Staaten im Subkontinent ihre Konturen annahmen. Als Uttarpatha oder Große Nordroute wurde sie einst bezeichnet, unter den Herrschern der Maurya-Dynastie im vierten vorchristlichen Jahrhundert wurde sie in Königliche Verkehrsstraße umbenannt, Kaiserliche Straße hieß sie unter den frühen Mogulen und später Sher Shah Suri Marg nach dem afghanischen Herrscher, dem es im 16. Jahrhundert gelang, vorübergehend die Macht der Mogulen zu brechen. Er ließ das bis dahin umfassendste Netz von Meilensteinen, Rast- und Pferdewechselstätten anlegen. Die britischen Kolonialherren waren es schließlich, die der Verkehrsachse, die für sie auch eine wichtige Heeresstraße war, ihren bis heute geltenden Namen verpassten, Grand Trunk Road.

Als »das Rückgrat von ganz Hind« bezeichnete der Autor des Dschungelbuchs, Rudyard Kipling, in seinem Roman »Kim« die GT Road. »Zum größten Teil ist sie … beschattet von vier Reihen von Bäumen; die Mittelstraße – mit ganz hartem Belag – ist für den Eilverkehr. In den Tagen vor den Eisenbahnwagen reisten die Sahibs hier zu Hunderten hin und her. Jetzt sieht man nur Bauernwagen und dergleichen. Rechts und links ist die größere Straße für Lastfuhren – Getreide, Baumwolle und Bauholz, *Bhoosa* (geschnittenes Stroh), Kalk und Felle. … Alle Arten und Kasten von Menschen tummeln sich hier … Brahmanen und *Chumars* (Schuster), Geldwechsler und Kesselflicker, Barbiere und *Bunnias* (Händler), Pilger und Töpfer – alle Welt kommt und geht. … Ein Strom von Leben, wie es ihn nirgendwo sonst in der Welt gibt«, beschreibt Kim die GT Road.

Kipling verfasste seinen Roman an der Wende vom 19. ins 20. Jahrhundert. In den mehr als einhundert Jahren seither hat sich vieles verändert und streckenweise würde Kim die modernisierte und ausgebaute GT Road wohl kaum mehr erkennen. In den meisten Abschnitten aber ist diese Verkehrsachse ihrem Wesen nach gleich geblieben. Rein gar nichts hat sie mit einer tristen, grauen oder auch perfekt planierten Autobahn zu tun. Vielmehr zeichnet sie sich durch Schlaglöcher und ein chaotisches Verkehrsaufkommen aus, mit so vielfältigen Teilnehmern wie Hühnern und Kühen, Büffeln, streunenden Hunden und Kamelen, Fahrrädern, Rikschas, Pkws, Bussen und Lastwagen sowie weiteren unterschiedlichsten, von Eseln wie Pferden gezogenen Karren und Gefährten. Sie machen eine Reise zu einem, je nach Temperament, abwechslungsreichen oder nervenaufreibenden Unterfangen.

Für Rashid wird die Fahrt an diesem Tag zunächst zu einem Nerventest. Er ist ein ausgezeichneter Fahrer. Wenn auf einem zweispurigen Straßenabschnitt ein moderner Reisebus einen Pkw überholt, der seinerseits gerade an uns vorbeizischt, als wir einen Lastwagen überholen, dann bewahrt er die Fassung. Vier auf einer Spur für zwei, das geht sich allemal noch aus, schließlich ist ja links und rechts der Fahrbahn noch Sand- oder Schotterweg. Auch das permanente Hupen weiß Rashid zu deuten, das je nach Intensität ein entsprechend dringendes Warnsignal ist: Aus dem Weg, heißt es aber immer, sonst wird es gefährlich. Abbremsen wegen eines anderen Verkehrsteilnehmers gehört hier zu den eher selteneren Verhaltensweisen und ich bin Rashid dankbar, dass er sich diese angeeignet hat. Doch als ein Kleinlaster sich plötzlich radikal vor uns einreihen will, nützt keine Bremse mehr etwas. Rashids sorgfältig gepflegter Wagen bekommt links vorne eine schwere Delle ab, zum Glück nichts, was unsere Weiterfahrt gefährden würde. Die nächsten zwanzig Minuten versucht Rashid, mit dem Fahrer des Kleinlasters zu verhandeln. Ein älterer Mann gesellt sich hinzu und bemüht sich zu vermitteln. Die Stimmung pendelt von heftigen Wortwechseln und erregtem Gestikulieren zu ruhigeren Worten und fast versöhnlichem Schulterklopfen, bevor die Spannung erneut steigt. Plötzlich rennt der andere Fahrer zu seinem Wagen, springt hinein, steigt aufs Gaspedal und rast davon. Ein bedrückter Rashid erklärt: »Der wollte einfach nicht einsehen, dass er schuld war.« Kurz darauf halten wir bei einer der zahllosen Polizeikontrollen entlang der GT Road. Doch auch hier dringt Rashid mit seinem Anliegen nicht durch. Eine Delle am Auto, wen kümmert das schon, die Sicherheitskräfte hier halten Ausschau nach Drogen-, Waffen- und anderen Schmugglern. »Das ist das Problem mit diesem Land«, kommentiert Rashid. »Gesetze gibt es ja. Aber wer hält sich schon daran. Selbst wenn die Polizei einen Fahrer wegen erhöhter Geschwindigkeit oder eines anderen Vergehens anhält, kommt der doch mit ein wenig Bakschisch davon.«

Zum Glück lässt sich Rashid die Laune nicht so schnell verderben. Offiziell ist er mein Chauffeur, aber er versteht sich doch auch als Reisebegleiter, der mir an diesem Tag und auch am nächsten viel erzählen und erklären wird und zeigen, von wo ich seiner Ansicht nach die besten Fotos machen kann. Die großen Sehenswürdigkeiten sind ohnedies in meinem Buch aufgelistet: der Ort etwa, wo der Kabul-Fluss in den Indus mündet, die mächtige Attock-Festung und schließlich Taxila mit seinen buddhistischen Ausgrabungen. Gandhara, Land der Düfte, nannte sich vom fünften vorchristlichen Jahrhundert an rund eintausend Jahre lang das Tal von Peschawar bis Taxila, in dem sich Herrscher aus Persien, Alexander der Große und nach ihm andere Griechen sowie Skythen und eine Vielzahl weiterer Völker an der Macht ablösten und der Buddhismus eines seiner bedeutendsten Zentren fand. Nur die buddhistische Universität in Nalanda unweit von Bodhgaya in Nordindien, wo der Buddha seine Erleuchtung erlangte, übertraf einst noch jene in Taxila. Aus allen Teilen Asiens – und auch via Bamiyan, das wegen der Zerstörung seiner Buddhastatuen durch die Taliban zu unserer Jahrtausendwende wieder in den Medien war – kamen Pilger und Gelehrte hierher, bis die Hunnen im fünften nachchristlichen Jahrhundert den Niedergang von Gandhara besiegelten.

In dieser Geschichte ist Rashid nicht so bewandert, doch er kann mir Dinge zeigen, die in keinem Reiseführer verzeichnet sind. Mehrfach weichen wir von der GT Road ab oder bleiben am Straßenrand stehen, um kurz beim Schrein eines Sufi-Heiligen innezuhalten. Tausende solcher Schreine islamischer Mystiker finden sich im ganzen Land, von kunstvollen Bauten an den großen Pilgerstätten bis hin zu winzigen Gedenkorten, bei denen die Menschen aus der Umgebung zum Gebet kommen. Die Sufi-Musik des Qawwali erfreut sich auch in Indien großer Beliebtheit, und nicht nur unter Muslimen. Während ich die Schreine von Sufi-Heiligen, den *Pirs,* entlang der GT Road besuche, findet, wie ich später erfahren werde, bei einem Schrein in Neu-Delhi gerade ein mehrtägiges Sufi-Musikfest mit Gästen aus Pakistan statt.

Auch bei den zeitgenössischen *Pirs* steht freilich nicht alles zum besten. Grausamkeit, Gewalt und sexueller Missbrauch sind die Kehrseite, die die pakistanische Autorin Tehmina Durrani in ihrem 1998 erschienenen Roman »Blasphemy« verarbeitet hat, ein Werk, das, wie sie betont, »von einer wahren Geschichte inspiriert ist«, auch wenn sie Personen- und Ortsnamen verändert hat.

Als ich nach einigen Tagen in Rawalpindi und Islamabad, der erst in den fünfziger Jahren des vorigen Jahrhunderts konzipierten und ab 1961 gebauten neuen Hauptstadt von Pakistan, mich auf den Weg nach Lahore mache, bietet sich Rashid erneut als Fahrer an. Doch diesmal will ich den Bus nehmen, nicht den modernen Daewoo-Bus, der die GT Road meidet und stattdessen die viel jüngere Autobahn bevorzugt, sondern einen jener bunt bemalten Regionalbusse, wie sie die große Mehrheit der Pakistanis weiterhin benutzt. Das Daewoo-Gefährt ist, wie ich auf einer früheren Reise ausgetestet habe, natürlich bequemer, die Sitzreihen sind in so großen Abständen angelegt, dass selbst für lange Beine ausreichend Platz ist. Die Fahrgäste werden regelmäßig mit Cola, Sprite und Wasser versorgt und es gibt Kopfhörer, damit die einen den Ton zu den Filmen am Bildschirm vorne hören können, ohne die anderen zu stören. Die Betreiber der konventionellen bunten Busse gehen hingegen davon aus, dass alle Passagiere schon nach einigen Stunden nach Hindi-Filmen lechzen. Und je größer die Lautstärke, umso größer der Genuss. Die Begeisterung für die Produkte aus Bollywood, Bombays legendärer Filmindustrie, verbindet die Bewohner des Subkontinents. Daran ändern keine politischen Spannungen und kein Kriegsrasseln etwas. Lollywood, die in Lahore beheimatete pakistanische Filmindustrie, kann da nicht mithalten. »Könnten Filme und Musik wirklich Frieden stiften, wieviel anders würde es doch in Südasien zugehen«, schrieb einmal ein Teenager im indischen Jugendmagazin *Teens Today*.

Nach einer sechsstündigen, von chaotischem Verkehrsaufkommen draußen und Liebes-, Eifersuchts- und Kampfgeschehen am Bildschirm drinnen geprägten Busfahrt tut die Ruhe im Faletti-Hotel in Lahore gut. Der Manager des gediegenen alten Kolonialbaus in Lahore begrüßt mich auf Deutsch, schließlich hat er in Heidelberg eine Tourismusfachschule absolviert. An diesem Tag wird der holzgetäfelte Ballsaal gerade für eine Abendveranstaltung vorbereitet. Doch die Zimmerauslastung ist gering.

Und auch das Schild, das noch im November darauf hinwies, dass man hier Karten für den Dosti-Bus nach Neu-Delhi erstehen könne, ist weg. Der Bus fährt ja bis auf weiteres nicht mehr.

Lahore selbst aber ist, für seine Fans, Lahore geblieben. Lahore! Die gern als Stadt der Gärten oder auch als (ein weiteres) »Paris des Ostens« bezeichnete Stadt lebt weiterhin von ihrer älteren Geschichte und ihrem Ruf als kulturelles Zentrum des Landes. Die imposante Badshahi-Moschee und das Fort bezeugen die wichtige Rolle Lahores unter den Mogulenherrschern des 16. bis 18. Jahrhunderts. Wie in Peshawar wurden auch hier im vorigen Jahrhundert die Mauern um die Altstadt abgetragen, die meisten Tore allerdings belassen. An denen kann sich orientieren, wer in den engen, gewundenen Gassen und dem lärmenden Basartreiben die Orientierung zu verlieren droht.

Prinzen, Herrscher und Poeten haben sich zu überschwänglichen Zeilen über die Magie, Schönheit und Romantik der Stadt hinreißen lassen. »Lahore Lahore hai« (Lahore ist Lahore), fassen sich heutige Fans kürzer und scheuen sich nicht, auf den eher tristen Zustand des Forts, aber auch der früheren Edelmeile »The Mall« hinzuweisen, an der die von den Briten geschaffenen Verwaltungsgebäude liegen, der Gerichtshof, das Hauptpostamt, einige Banken und die wunderbare alte Buchhandlung Ferozsons, die sich mit ihren Ventilatoren an der hohen Decke, den altmodischen Kassenschaltern und den überfüllten Holzregalen seit Jahrzehnten nicht verändert zu haben scheint. Hier sitzt der Chef noch selbst im hinteren Teil des Geschäfts, kennt seine Autoren persönlich und ist auch zu einem Gespräch und einer Kontaktanbahnung bereit.

Das wirklich Bemerkenswerte aber ist der Mythos Lahore, dem jene anhängen, die die Stadt bei der Teilung des Subkontinents 1947 in Richtung Indien verließen, ja selbst bei jenen, die sie erst viel später entdeckt haben. »In Lahore bin ich einfach zu Hause. Da schauen die Leute genauso aus wie ich, da haben sie den gleichen Akzent, da bereiten sie die Speisen genauso zu wie wir daheim«, wird mir eine Woche später eine Grafikerin in Neu-Delhi erklären. »Ich bin selbst in Neu-Delhi geboren und aufgewachsen, doch als ich erstmals die Stadt besuchte, aus der meine Eltern migriert waren, da spürte ich, das ist meine Stadt«, schildert sie mir bei einem Empfang nach einem Vortrag über Nordindiens Muslime im Max Mueller Bhavan (Deutsches Kultur- und Sprachinstitut). »Sie reden von Lahore? Da bin ich auch her«, mischt sich ein Mann ins Gespräch, und binnen Minuten gesellen sich zwei weitere Personen hinzu – vier Punjabis, drei, die in Lahore geboren sind, die vierte, die »ihre« Stadt als Erwachsene gefunden hat. Die nächste halbe Stunde ist Reminiszenzen jener Art gewidmet, wie sie der einstige Journalist und spätere UNO-Bedienstete Pran Neville zum Thema seines Buches »Lahore: A Sentimental Journey«, gemacht hat.

»Die alte legendäre Stadt Lahore, das pulsierende Herz des geeinten Punjab, lässt keinen mehr los, der einmal ihrem Charme und besonderen Flair erlegen ist«, schreibt Neville im Vorwort zur zweiten Ausgabe des Buches, in dem er die Stadt, wie er sie in den dreißiger und vierziger Jahren des 20. Jahrhunderts erlebte, beschreibt.

»Roti«, »Kapra« und »Makaan«

Wenn ein Land seine Seele verkauft hat

In Lahore habe ich wenige Monate zuvor Sohail Zafar kennen gelernt. Ein »Concerned Citizens' Forum« (Forum besorgter Bürger) hat per Zeitungsannonce zu einer Diskussion über das Thema »Welches Pakistan wollen wir?« geladen. Telefonnummern sind beigegeben und auf meinen Anruf hin bittet mich der Präsident der Organisation, Hasnain Almakky, noch am selben Nachmittag zu einem ersten Gespräch, auf das einige Tage später eine Einladung zu einem Abendessen im Haus von Zafar folgt, einer geräumigen Villa mit Garten und entsprechendem Personal im elitären Lahore'schen Viertel Gulberg. Ein Dutzend Freunde und Bekannte von Zafar, einem Arzt, finden sich ein, darunter ein weiterer Arzt, Geschäftsleute und Anwälte im Alter zwischen fünfundvierzig und sechzig Jahren, allesamt Pakistanis, die es beruflich geschafft haben und denen es persönlich an nichts fehlt. Mit entsprechendem finanziellen Hintergrund lässt es sich gut leben in Lahore, wo die traditionelle Kulturszene in den letzten Jahren durch neue Galerien für zeitgenössische Kunst bereichert worden ist. Für die Elite, erzählte mir eine in der feministischen Bewegung engagierte Frau aus der Oberschicht am Vortag, »ging selbst in den politisch allerschwierigsten Zeiten des Landes das gute Leben mit Partys und Festen und Feiern, mit Trunk und Gelagen weiter, nur eben in den Privathäusern.«

Wenn Leute wie Zafar jedoch als Bürger Pakistans sprechen, dann will die Liste der Leiden, die sie anführen, nicht enden. Dann fühlen sie sich vor allem völlig machtlos. Natürlich können sie wohltätige Organisationen unterstützen und sich darin engagieren, aber wo ist ihre Rolle beim Aufbau eines Pakistans, wie sie es sich für sich selbst und für ihre Kinder wünschen? Ihre Töchter und Söhne besuchen wohl hervorragende Schulen. »Aber was für eine Zukunft haben die Jugendlichen vor sich? Sie haben Zugang zu Internet und Kabelfernsehen und wissen, wie es anderswo in der Welt aussieht. Und dann blicken sie auf ihr eigenes Land und fragen sich, warum kann denn hier keine Entwicklung stattfinden? Warum geht hier nichts weiter?«, klagt ein Gast.

»Was kann ich denn meinen Kindern entgegnen, wenn sie weg wollen?«, ergänzt ein anderer. Es ist schlimm für ihn, zugeben zu müssen, dass er angesichts der Zustände in Pakistan den »brain drain« ebenso versteht wie den Zustrom zu den *Madrasas* (Koranschulen). »Was hat der Staat denn schon für die Masse der Armen und Entrechteten getan? Die Einzigen, die sich um sie kümmern, sind die *Madrasas*. Die geben den Schülern eine akzeptable Unterkunft, Essen und ihre Art von Bildung.«

»Sehen Sie doch, in was für einem Zustand das Land ist. Wir haben kein ordentliches Gesundheitssystem, kein ordentliches Bildungswesen. Unsere Regierung mag ja behaupten, dass die Alphabetisierungsrate bei fünfunddreißig bis vierzig Prozent liegt, aber ich glaube nicht, dass sie höher als zwanzig Prozent ist. Eine Person, die es gerade einmal schafft, ihren Namen zu schreiben, kann man doch nicht als alphabetisiert bezeichnen.«

»Die Menschen sorgen sich um *Roti*, *Kapra* und *Makaan* (Brot, Kleidung und Behausung), sie möchten Medizin und reines Wasser, sie wollen, dass ihre Kinder eine gute Bildung erhalten. Und sie möchten, dass ihr Leben im Vordergrund steht und nicht stets von den Interessen der Armee in Geiselhaft genommen wird.«

»Schauen wir uns doch um in der Welt. Wo gibt es noch ein anderes Land unserer Größe, mit einer Bevölkerung von rund 140 Millionen Menschen, wo das Militär glaubt regieren zu müssen. Die Zeiten sind vorbei, wo man einen Staat mit dem Kanonenrohr dirigiert und ein einziger Mann die Richtung vorgibt. Man geniert sich doch, wenn das eigene Land so geführt wird, während in Indien Wahlen stattfinden, Sri Lanka trotz des dort herrschenden Bürgerkriegs regelmäßig Urnengänge abhält, Bangladesch seine Bürger zu den Urnen ruft und in New York selbst nach dem 11. September ein neuer Bürgermeister gewählt wird.«

»Aber wir haben kein Parlament, wir sind Gefangene des Militärs und des Geheimdienstes, der Feudal-Elite, der Bürokratie und eines kleinen Kreises von Politikern. Und das ist praktisch seit der Unabhängigkeit so. Mehr als 54 Jahre sind vergangen und Pakistan hat so wenig vorzuweisen.«

Die Anliegen »besorgter« Bürger waren am Vortag auch Thema meines Gesprächs mit I. A. Rehman, dem Direktor der Menschenrechtskommission von Pakistan. »Während der letzten vier Jahrzehnte ist der Raum für die Zivilgesellschaft in Pakistan immer enger geworden. Gebildete und in ihren Berufen etablierte Menschen, die sich dafür entschieden haben, zu bleiben und am Aufbau ihres Landes mitwirken wollen, haben kein Mitspracherecht. Sie sind Gefangene des Militärs«, betont Rehman. Najam Sethi, Chefredakteur von *The Friday Times*, formuliert es ähnlich: »Das Militär hat die Außenpolitik dieses Landes bestimmt, so weit ich mich zurückerinnern kann. Demokratie hin oder her, die Armee gab die außenpolitische Richtung vor, die engstirnig und rigide war und ausnahmslos mit den Interessen der Armee und keinesfalls mit denen des Landes gekoppelt war. Die Existenzberechtigung des Militärs waren Konflikte in der Region, ob in Afghanistan oder mit Indien; die Propaganda der Armee wurde dann zur Sicherheitsdoktrin und diese zur ultimativen Weisheit; jeder, der sie infrage stellte, galt als Verräter«, sagt Sethi, der selbst bereits mehrfach wegen unliebsamer Kritik in Haft kam. Wenn in letzter Zeit, und insbesondere seit der von Pakistan nach dem 11. September vollzogenen Kehrtwendung in seiner Afghanistanpolitik, offener über den Irrweg des Landes diskutiert wird, so ist das ein neues Phänomen.

»Pakistan«, sagt ein besorgter Bürger, »hat den Fehler gemacht, seine Seele für Afghanistan und Kaschmir zu verkaufen. Unser Engagement in Afghanistan und unsere schizophrene Sicht von Kaschmir sind einzig und allein im Interesse des Militärs gewesen und auf Kosten unserer Wirtschaft und Entwicklung gegangen.«

»Beide sind schuld, Indien und Pakistan. Wir haben gemeinsam das Kaschmirtal zerstört. Die Menschen dort sollen endlich das Recht bekommen zu entscheiden, ob sie bei Indien bleiben, zu Pakistan gehören oder unabhängig sein wollen. Sie sollen entscheiden. Warum müssen wir uns bloß immer einmischen«, meint Sohail Zafar. Es ist eine unter der liberalen, gebildeten Elite des Landes dieser Tage häufig geäußerte Meinung. »Was immer die Kaschmiris befriedigt, sollte von Indien und Pakistan akzeptiert werden. Neu-Delhi kann die militanten Separatisten nicht unter Kontrolle bringen, Islamabad kann den Aufstand nicht auf ewig schüren«, sagt mir Najam Sethi. In einem Leitartikel hatte er vor einiger Zeit geschrieben: »Geben wir es doch endlich zu. Nach Afghanistan liegt unser größtes außenpolitisches Versagen in Kaschmir. Von 1947 bis 1965 beknieten wir vergeblich die UNO, uns Kaschmir zu überlassen. Dann versuchten wir, einen Aufstand im Tal anzuzetteln und lösten einen destabilisierenden Krieg mit Indien aus. Nach 1971 begruben wir das Kaschmir-Thema ... und vergaßen die UNO-Resolutionen. ... Dann wachten wir in den neunziger Jahren wieder auf, um in Kaschmir für Unruhe zu sorgen, nachdem Neu-Delhi dort in den achtziger Jahren alles vermasselt hatte. In den letzten zehn Jahren haben wir die islamische Revolution nach Kaschmir exportiert und damit die indischen Sicherheitskräfte zu unsagbaren Brutalitäten gegen die Kaschmiris provoziert.«

Wie aber feststellen, was die Kaschmiris wirklich wollen? Welche Wahl hätten sie getroffen, hätten sie das Recht gehabt, über ihr Schicksal zu bestimmen? Anders als die meisten der knapp sechshundert weiteren Fürstentümer, die es noch im Jahre 1947 auf dem Subkontinent gab, hatte sich der Maharadscha von Kaschmir bis hin zum Unabhängigkeitstag weder für Pakistan noch für Indien entscheiden können. Rein geografisch gesehen ergaben im Gegensatz zu manchen mitten in Zentralindien gelegenen Fürstentümern beide Optionen Sinn. Pakistan reklamierte das von einem Hindu-Herrscher regierte, mehrheitlich muslimische Kaschmir aufgrund seiner Zwei-Nationen-Theorie für sich, Indien mahnte das auch strategisch wichtige Gebiet für sich ein. In einem pluralistischen, säkularen Staat ist für alle Platz, lautet bis heute das Argument.

Während Maharadscha Hari Singh noch immer zauderte, marschierten im Oktober 1947 »freiwillige« muslimische Pathanen aus der pakistanischen Nordwestgrenzprovinz in Kaschmir ein, Neu-Delhi erklärte sich bereit, dem Maharadscha zu Hilfe zu kommen und die Hauptstadt Srinagar zu verteidigen, Hari Singh unterzeichnete seinerseits das Dokument über den Beitritt Kaschmirs zur Indischen Union. Die Umstände dieses Beitritts sind keinesfalls der chronologisch erste strittige Punkt unter hunderten in der Kaschmir-Frage, wo fast zu jedem Aspekt die Thesen der Experten divergieren. Der erste Krieg um Kaschmir dauerte jedenfalls bis Anfang 1949 an, als unter UN-Ägide ein Waffenstillstand vereinbart wurde. Etwa ein Drittel der Region verblieb bei Pakistan – in dessen Diktion »Azad (Freies) Kashmir«, Indien zufolge »Pakistan Occupied Kashmir« (POK), das von Pakistan besetzte

Kaschmir. Zwei Drittel, darunter das »Valley«, das Kaschmirtal, befinden sich seit 1949 auf der indischen Seite – in Indien mittlerweile als Bundesstaat Jammu und Kaschmir integriert, von Islamabad als »Indian Occupied Kashmir« oder einfach »Occupied Kashmir« bezeichnet.

Das von Nehru 1947 zugesagte »unparteiliche Plebiszit« nach Ende der Feindseligkeiten wurde nie abgehalten. Als Voraussetzung dafür hätten laut der UNO-Resolution beide Seiten ihre Streitkräfte aus ihrem Teil Kaschmirs zurückholen müssen, wozu es aber nie kam. Zwei weitere Kriege folgten, einer 1965 um Kaschmir, der nächste 1971, als Indien die Ablösung Ostpakistans als neuer unabhängiger Staat Bangladesch unterstützte.

Für fast zwei Jahrzehnte trat das Thema Kaschmir dann in den Hintergrund. Das von Mogulenherrschern einst als »Paradies auf Erden« gepriesene Kaschmirtal wurde zum Touristenparadies. In einem Hausboot am Dal-See zu wohnen, in *Shikaras* (Gondeln) über den See zu fahren, Ausflüge oder Pilgerfahrten zu den heiligen Orten und Schreinen und Trekken gehörten zum Fixprogramm der zehntausenden Fremden und hunderttausenden indischen Reisenden, die pro Jahr ins Tal kamen. Doch unter der Oberfläche gärte es längst. Indiens verheerende Politik in Jammu und Kaschmir, die Verhaftung unliebsamer Politiker, die Untergrabung der per Verfassung zugesagten weitreichenden Autonomie und Wahlfälschungen, wie die ganz gravierende von 1987, konnten die Kaschmiris nur entfremden oder in die Hände radikaler Gruppen treiben. Das unter Zia ul Haq islamisierte Pakistan, das gerade die gegen die Sowjets kämpfenden Mudschaheddin in Afghanistan unterstützt hatte und wenige Jahre später die Taliban heranziehen würde, schürte seinerseits den Aufstand im indischen Kaschmir. Offiziell ist freilich stets nur von diplomatischer, ideologischer und moralischer Unterstützung für die »Freiheitskämpfer« die Rede.

»Selbstbestimmung für die Kaschmiris« – wenn Menschen wie Zafar oder Sethi das heute fordern, so sind sie für viele Optionen offen, für ein Referendum unabhängig von dessen Ausgang ebenso wie für größtmögliche, echte Autonomie für beide Teile Kaschmirs und eine offene Grenze dazwischen. Wie viele Pakistanis so denken, ist schwer abzuschätzen. Laut einer in der Februarausgabe 2002 des Monatsmagazins *Herald* veröffentlichten Meinungsumfrage hält sich jedenfalls die große Mehrheit der Menschen für liberal bis gemäßigt-konservativ und das Thema Kaschmir rangiert klar hinter Sorgen wie Arbeitslosigkeit, Krieg mit Indien, Inflation, Armut und Gesetzlosigkeit. Fanatiker dagegen – eine kleine Minderheit mit, wie es stets euphemistisch heißt, »beträchtlichem Störpotential« – sind dagegen bereit, bis zum Letzten zu gehen. Präsident Musharraf selbst erklärte im Januar 2002, dass »Kaschmir uns im Blut liegt. Kein Pakistani kann es sich leisten, die Verbindungen zu Kaschmir zu trennen. Ganz Pakistan und die Welt wissen das. Wir werden den Kaschmiris auch weiterhin unsere moralische, politische und diplomatische Unterstützung zukommen lassen.« Damals sprach er sich für eine friedliche Dialoglösung mit Indien aus, die den Wünschen der Kaschmiris entsprechen und im Einklang mit den UN-Resolutionen stehen müsse. Zugleich betonte er, dass »keine Organisation sich im Namen Kaschmirs dem Terrorismus verschreiben« dürfe und kündigte strikte Maßnahmen gegen jede Person oder Gruppe an, die des Terrorismus inner- oder außerhalb des Landes für schuldig befunden würde. Im Frühjahr 2002 aber will der General in einem Interview nicht ausschließen, dass es im Konflikt um Kaschmir auch zum Atomkrieg kommen könnte.

Neu-Delhi schließt ein Referendum kategorisch aus. Jahrelang hat es versucht, wegen der Rolle Islamabads in Kaschmir Pakistan auf die Liste jener Länder setzen zu lassen, die sich des Staatsterrorismus schuldig machen. Dazwischen gab es zwar neue Dialogansätze wie den Gipfel von 1999, auf den allerdings wenige Monate später die pakistanische Invasion in Kargil im indischen Teil von Kaschmir folgte. Dann scheiterte im Juli 2001 der Gipfel zwischen Vajpayee und Musharraf. Nach den Attentaten von New York am 11. September und dem von Washington erklärten Krieg gegen den Terrorismus forderten Falken in Neu-Delhi, dass Indien doch »gegenüber Pakistan Amerika spielen« solle. Wenn die USA sich für Terrorakte mit einem Krieg in zehntausenden Kilometern Entfernung revanchieren konnten, lautete die Argumentation, warum sollte Indien dann Terrorangriffe vom eigenen Nachbarstaat ungestraft hinnehmen? Premier Vajpayee erteilte solchem Ansinnen eine Absage. Doch dann folgte am 13. Dezember der Anschlag auf das indische Bundesparlament, in dessen Folge die beiden Nachbarn an den Rand eines weiteren Krieges gerieten.

Selbst moderate und regierungskritische Stimmen in Indien, die sich in diversen Friedensinitiativen engagieren, betonen, dass es unmöglich sei, Kaschmir abzutreten. Unter Verweis auf die Teilung von 1947 warnen sie vor den möglichen Folgen, die solch eine Entscheidung nach sich ziehen würde. Wenn Kaschmir verloren ginge, weil es muslimisch ist, würden Hindu-Nationalisten das zum Anlass für eine Kampagne gegen alle Muslime in Indien nehmen, denen man dann auch den schnellstmöglichen Weg nach Pakistan nahe legen würde. Nicht auszudenken, zu welchen neuen Gräueltaten es dann käme, warnt Kuldip Nayar, Publizist und Oberhausmitglied, der vielen Hindu-Kreisen als »Pakistanfreund« verdächtig ist. Er gehört zu jenen Indern, die maximale Autonomie für Kaschmir und eine offene Grenze zum pakistanischen Kaschmir fordern. Selbst manche Befürworter eines Referendums gestehen ein, dass es viele schwierige Fragen aufwerfen würde, da sich der indische Teil Kaschmirs aus dem eigentlichen, mehrheitlich muslimischen Kaschmirtal, dem überwiegend hinduistischen Jammu und dem buddhistischen Ladakh zusammensetzt.

Solange es dem Willen der Kaschmiris entspricht, ist Zafar und seinen Bekannten alles recht. Für sie ist die Himalayaregion nicht die von offiziellen und militanten Kreisen oft beschworene »Schlagader« Pakistans. Der Streit um die Region ist vielmehr mit ein Grund für die Misere, in der sich das Land heute befindet. »Warum wird es so oft als gescheiterter Staat bezeichnet? Weil sich niemand je um das Land kümmerte, sondern stets nur um Kaschmir und Afghanistan. Wir müssen endlich diesen Staat aufbauen, denn was wir jetzt haben, ist nicht das Pakistan, das wir wollen«, sagt Zafar. »Ich möchte die nächsten zwanzig Jahre für Pakistan, für die Menschen hier.«

Die Rückkehr zur Demokratie, sind sich die Anwesenden einig, ist die einzige Chance. Auch wenn die bisherigen demokratischen Experimente kurz und wenig erfolgreich waren. Die Schuld dafür liegt nach Ansicht Sethis keinesfalls nur beim Militär, das letztlich die Kontrolle behalten wollte. Die demokratisch gewählten Regierungen – von Zulfikar Ali Bhutto in den siebziger Jahren sowie von dessen Tochter Benazir und Nawaz Sharif zwischen 1988 und 1999 – hätten durchaus eine Chance gehabt, wären sie nicht so durch und durch korrupt gewesen. Zulfikar Ali Bhutto habe sich, erinnert Sethi, in einer ganz besonderen Lage befunden. Nach der von Indien unterstützten Abspaltung Ostpakistans als neuer Staat Bangladesch im Jahr 1971 war Pakistans Militär sehr geschwächt. Doch Bhutto, »der damals das ganze Land hinter sich hatte, baute die Armee wieder auf und brachte sie zurück in die Politik, bis er von ihr geschluckt wurde.« Ein Jahrzehnt später, nach dem Ende des Kalten Krieges, »hatte sich die Welt verändert. Demokratie war überall gefragt. Aber unsere beiden demokratisch gewählten Premiers vermasselten alles so gründlich, dass schließlich General Musharraf eingriff. Glauben Sie mir, ich kenne den General. Er war der Letzte, der Putsch-Ambitionen hatte«, betont

Sethi und angesichts seiner journalistischen Verdienste besteht kein Grund, seine Worte infrage zu stellen. »Wirklich, wenn Benazir oder Nawaz gute Premiers gewesen wären, würden wir uns heute nicht in dieser Misere wiederfinden«, setzt Sethi nach.

Womit wir bei den Zukunftsperspektiven sind. »Es geht darum«, verweist Sethi sofort auf die Dimension der Herausforderung, »sich von einer mehr als drei Jahrzehnte lang verfolgten Politik abzuwenden.« Der Raum, den die militärischen wie formal demokratischen Regime in all diesen Jahren aus »kurzsichtigen, opportunistischen Gründen den fundamentalistischen Kräften eingeräumt haben, muss ihnen nun wieder genommen werden. Die überwältigende Mehrheit der Pakistanis lehnen jeden Fundamentalismus ab. Ihnen muss nun politischer Raum gegeben werden.« Eine Rückkehr zur Demokratie ist für Sethi unabdingbar, diverse Verfassungsänderungen seit 1977 müssen rückggängig gemacht werden. »Wir müssen grundlegende Identitätsfragen klären. Wo gehören wir denn hin? Sind wir als muslimisches Land nun Teil des Nahen Ostens oder nicht doch eher Teil von Südasien? Was für ein Staat wollen wir sein, ein islamischer oder ein säkularer, wobei der Begriff säkular hier nicht beliebt ist. Er wird missverstanden, da er in der Staatspropaganda stets mit religionsfeindlich gleichgesetzt wurde. Entsprechend unserer Entscheidung müssen wir unsere Gesetzgebung ändern. Kein Staat der Welt kann mit zwei verschiedenen – und häufig widersprüchlichen – Rechtsordnungen leben, wie wir sie nun in Pakistan haben«, verweist Sethi auf die

Mischung aus anglosächsischem und islamischem Recht.

Diese grundlegende Reorientierung und Selbstbestimmung, die Pakistan zu vollziehen hat, »kann nicht von heute auf morgen geschehen. Es wird keine rasche, lineare Entwicklung in eine verheißungsvolle Zukunft geben«, betont Sethi. »Uns steht ein langer, schwieriger Kampf bevor, mit vielen Kopfschmerzen und viel Herzweh.«

Und mit unsicherem Ausgang. In einer auch international viel beachteten Rede kam Präsident Musharraf Mitte Januar 2002 ebenfalls auf das Pakistan zu sprechen, das sich seine Bewohner wünschen. »Wollen wir, dass Pakistan ein theokratischer Staat wird? … Oder wollen wir, dass sich Pakistan zu einem progressiven und dynamischen islamischen Wohlfahrtsstaat entwickelt?«, fragte Musharraf und erklärte umgehend: »Das Urteil der Massen fällt zugunsten eines progressiven islamischen Staates aus.« Auch er analysierte, wie »die wenigen religiösen Extremisten«, die lediglich »Hass säen«, dem internationalen Image und der Wirtschaft des Landes geschadet hätten. »Im Islam gilt der Begriff des *Dschihad* nicht nur für Heiligen Krieg. Haben wir je daran gedacht, einen *Dschihad* gegen Analphabetentum, Armut, Rückständigkeit und Hunger zu führen? Das ist der größere *Dschihad*. Pakistan muss meiner Ansicht nach *Dschihad* gegen diese Übel führen«, betonte der Präsident und forderte zur Lehre des »wahren Islam« auf, also von »Toleranz und Vergebung, Mitgefühl, Gerechtigkeit, Fairplay, Freundschaft und Harmonie.«

Aber meint es Musharraf ernst, wenn er ein hartes Durchgreifen gegen all jene *Madrasas* ankündigt, die »des Extremismus, der Subversion, militanter Aktivitäten oder des Waffenbesitzes« für schuldig befunden werden? Wird er wirklich konsequent die radikalen extremistischen Organisationen verfolgen und gegen jene vorgehen, die den *Dschihad* in den indischen Teil Kaschmirs tragen? Auch wenn er selbst ehrlich dazu entschlossen sein sollte, muss er sich erst gegen die beharrenden Kräfte in der Armee und im Geheimdienst durchsetzen. Zudem ist mit Racheakten lange unterstützter und nun fallen gelassener militanter Organisationen zu rechnen.

Wird Musharraf vor allem aber die Rückkehr zu einer formalen Demokratie und den Aufbau eines echten demokratischen Systems zulassen? Angekündigt hatte er die Wahlen für Oktober 2002 (und wird sie dann auch tatsächlich stattfinden lassen). Als Musharraf allerdings beschließt, sich in einem Referendum Ende April für weitere fünf Jahre als Staatschef im Amt bestätigen zu lassen, beginnt er eine neue harte Seite zu zeigen. Selbst die kritischsten Zeitungen haben ihm bis dahin eine erstaunliche Toleranz im Umgang mit den Medien beschieden, doch nun wachsen angesichts der Kritik am Referendum die Spannungen zwischen Regime und Presse. Das national und international wegen massiver Fälschungen und Manipulationen verurteilte Votum geht klar für den Präsidenten aus. Offiziell liegt die Beteiligung bei fünfzig Prozent, knapp 98 Prozent derer, die wählen, sprechen sich für eine Verlängerung der Amtszeit aus.

Pakistan ist damit vorerst weiterhin dort, wo es sich seit langem befindet. »Wir sind gescheitert, weil wir immer an einen Messias geglaubt haben, der uns auf den rechten Weg führen wird. Wir sind gescheitert, weil wir keine Institutionen geschaffen haben«, betont ein Analyst und fragt, was nun in Aussicht stehe: Ist es »ein allmächtiger Präsident, ein schwacher Premier, ein impotentes Bundesparlament und ein omnipotenter Sicherheitsrat, dessen Mitglieder vom Präsidenten ernannt werden?« Für die Mächtigen im Land mag das ja gut so sein, »aber für Pakistan ist da nichts dabei«.

Angst

Die persönliche Reise eines Pandit

Ajay Raina wollte seit langem einen Film drehen. Auch das Thema stand fest. Es sollte eine Dokumentation über die Rückkehr der Pandits, der kaschmirischen Hindus, ins Kaschmirtal werden und er rechnete fest damit, sie 1991 oder 1992 machen zu können. Doch ein Jahr ums andere verging, ein ganzes Jahrzehnt verstrich und noch immer zeichnete sich keine Chance auf Frieden und damit eine Rückkehr der Pandits ab. Schließlich beschloss Raina, alleine ins Tal zu fahren und diese Reise filmisch festzuhalten. Es war ein Unternehmen im Zeichen der Angst, wie aus allen Bildern und dem Text der Dokumentation hervorgeht, die in Anwesenheit des Regisseurs im März 2002 im Habitat Centre in Neu-Delhi gezeigt wurde. »Die Angst hat uns vertrieben. Die Angst hat mich so lange fern gehalten«, sagt Raina.

Dabei kannten die im mehrheitlich muslimischen Kaschmirtal in der Minderheit befindlichen Pandits »bis 1989 weder Furcht noch Verrat«, betont Raina im Film. Selbst als sie im Zuge des 1989–1990 aufgeflammten und von Pakistan geschürten separatistischen Aufstands bedroht wurden und die meisten Pandits die Flucht ergriffen, »glaubten sie nicht, dass dies ein Abschied für immer sein sollte; so mancher war sich sicher, dass er nach sechs Monaten wieder heimkehren würde können.« Doch heute, mehr als ein Jahrzehnt später, leben mehrere hunderttausend Pandits weiterhin im Exil in Jammu und in Neu-Delhi, eine große Zahl von ihnen noch immer auf engstem Raum in Lagern.

Wie geht es den wenigen, die im Tal geblieben sind?, wollte Raina in Erfahrung bringen. Was ist geworden aus den Häusern, Gärten und Feldern, die die anderen zurückgelassen haben? Ganz abgesehen von den Immobilien, die die Pandits in der Eile, mit der die meisten die Flucht ergriffen, bestenfalls der Obhut eines ihnen gut gesonnenen (muslimischen) Nachbarn anvertrauen konnten, nahmen laut einer Studie achtzig Prozent der Pandits überhaupt nur das Allernötigste mit … Sehnsucht nach Feldern … Raina fährt ins Dorf seiner Vorfahren, in dem ein muslimischer Schrein und ein Hindu-Tempel einst nebeneinander stehen und die Einheit der Gemeinde symbolisieren konnten. »Sag ihnen, der Baum, den sie gepflanzt haben, ist nun groß geworden«, antworten ihm Dorfbewohner auf die Frage, welche Botschaft sie denn für seine Familie hätten. Es ist der Satz, den Raina zum Titel seines Films macht: »Tell Them The Tree They Had Planted Has Now Grown«.

Raina fährt weiter nach Chrar-e-Sharief, wo sich der Schrein des Heiligen Sheikh Noor-ud-Din – oder Nund Reshi, wie ihn Muslime und Hindus gleichermaßen nennen – befindet. Er ist sich bewusst, dass er das ursprüngliche Gebäude nicht mehr vorfinden wird, wurde es doch, wie unzählige andere Sufi-Schreine und Tempel im Tal in den neunziger Jahren zerstört. Gerade aber den Angriff auf Chrar-e-Sharief 1995 beklagt Raina, weil dieser Ort so symbolisch war für die einst im Tal herrschende Toleranz. »Der Islam kam nicht als Religion von Invasoren nach Kaschmir«, erinnert Raina, er sei in seiner sanftesten Form des Sufismus, des islamischen Mystizismus, gekommen und habe daher so viele Konvertiten gefunden. Die Sehnsucht nach Kashmiriyat, der vom Sufismus und vom (hinduistischen) Shaivismus geprägten Kultur des Tals, spricht aus Rainas Worten. Ist Kashmiriyat verloren? Sind »die Geister«, die Kaschmir heimgesucht haben, »zu vertreiben«?

Nirgends auf seiner Reise wagt es Raina, länger zu bleiben. Ständig wechselt er Quartier. Seine ohnedies tief sitzende Angst wird durch gewalttätige Zwischenfälle, deren Zeuge er wird, noch verstärkt. Wem kann ein Pandit denn wirklich vertrauen in einem Tal, aus dem seine Gemeinde vertrieben worden ist?

Der Film löst eine heftige Debatte aus. »Es war meine ganz persönliche zweiwöchige Reise«, erklärt Raina, »komprimiert in einen einstündigen Film.« Dann, wenden Kritiker ein, hätte er sich auf das ganz persönliche Erleben beschränken müssen. Seine über den Film verstreuten allgemeineren Aussagen zum Kaschmir-Konflikt, ja selbst zur Teilung des Subkontinents, seien zu knapp und unausgewogen. Kein Zweifel, kommt der Einwand, die Pandits haben gelitten, doch wo werden die Leiden der muslimischen Bevölkerung behandelt? Zehntausende Tote hat der Kampf um die Selbstbestimmung der Kaschmiris seit 1989 gefordert, tausende Menschen gelten als vermisst, nicht nur Pandits, sondern insgesamt rund eine Million Menschen wurden vertrieben. Unzählige Kinder sind zu Waisen und Frauen zu Witwen geworden. Frauen und Mädchen leben in ständiger Angst vor Vergewaltigung durch militante Freiheitskämpfer ebenso wie durch Angehörige der indischen Sicherheitskräfte. Die Angst vor den Sicherheitskräften ist dabei möglicherweise noch größer, als in dem Anfang 2002 von Urvashi Butalia herausgegebenen Buch »Speaking Peace. Women's Voices from Kashmir« anklingt. »Geschützt durch ihre Macht und die drakonischen Gesetze, unter denen sie operieren, geschützt auch durch ihre Waffen, setzen [die indischen Sicherheitskräfte] Vergewaltigungen ein, um die muslimische Gemeinde durch den Missbrauch an ihren Frauen zu erniedrigen. Die Militanten ihrerseits greifen zu Vergewaltigungen, um die Pandit-Hindu-Gemeinde über deren Frauen anzugreifen.« Butalia beklagt, dass abgesehen von Bürgerrechtsorganisationen sich kaum jemand in Indien dieses Themas annimmt.

Die Beziehung zwischen Hindus und Muslimen, wird in der Debatte über Rainas Film angemerkt, sei doch lediglich ein Aspekt. Wo gehe denn der Regisseur auf die schon Anfang der vierziger Jahre des vorigen Jahrhunderts und damit vor der Teilung geäußerten Bestrebungen der kaschmirischen Muslime auf Selbstbestimmung ein? Und wo auf die Rolle des indischen Staates, der den Kaschmiris gegenüber wortbrüchig geworden ist? Identifizieren sich die Pandits – im Gegensatz zu den muslimischen Kaschmiris – nicht allzusehr mit dem indischen Staat? Wann üben sie denn Kritik an der Rolle, die die hunderttausenden indischen Sicherheitskräfte heute im Tal spielen, an den massiven Menschenrechtsverletzungen, die sie begehen? Distanzieren sie sich im Übrigen genug von den Hindu-Nationalisten in der Sangh Parivar, die das Schicksal der Pandits gern für ihre muslimfeindliche Propaganda nutzt?

»In einem einstündigen Film ist ein umfassendes Statement zu einem so strittigen Thema nicht möglich. Vieles habe ich absichtlich, bewusst, zufällig oder versehentlich ausgelassen«, sagt Raina. »Indien hat viel zu viel in seinen Nationalismus investiert. Wir müssen die Bestrebungen der muslimischen Kaschmiris endlich anerkennen«, empört sich eine Universitätslektorin noch im kleineren Kreis vor dem Saal, nachdem drinnen längst der nächste Film angelaufen ist. Sie weiß, dass sie mit ihrem grundsätzlichen Verständnis für die Anliegen der kaschmirischen Freiheitskämpfer einer absoluten Minderheit angehört

»Die meisten Inder … wachsen in dem Glauben auf, dass Kaschmir ein integraler Bestandteil von Indien ist. Das wird in den Schulen gelehrt, das ist die landläufige Geschichte und das ist die Geschichte, die internalisiert wird. Daher auch gibt es in der Welt ›außerhalb‹ (das heißt, außerhalb von Kaschmir) und unter jenen, die sich als säkularistisch betrachten, so wenig Verständnis für den Wunsch der Kaschmiris nach Unabhängigkeit, obwohl sich das über die Jahre ein wenig geändert hat«, schreibt Butalia im Vorwort zu ihrem jüngsten Buch.

Gut angekommen ist Rainas Dokumentation an diesem Abend vor allem bei den anwesenden

Pandits. Aber wäre es überhaupt möglich, einen Film über Kaschmir zu machen, in dem alle Seiten ihre Anliegen vertreten sehen, einen Film, der den Konflikt um dieses Territorium in seiner ganzen Komplexität darstellt? Raina, meint eine Filmkritikerin, hätte wohl die Subjektivität seines Zugangs mehr hervorheben müssen und zumindest andeuten, wie beschränkt der Blick des einzelnen, noch dazu von Angst erfüllten, Pandit zwangsweise sein muss und dass es vor allem die andere Seite gibt, die der muslimischen Kaschmiris. »Ich als Hindu«, beschließt die Universitätslektorin die Debatte für diesen Abend, »möchte jedenfalls kein Muslim im Indien von heute sein.«

Ayodhya

Ein Tempel soll zur Freiheitsstatue werden

»Stopp! Kamera abgeben!«, fährt mich ein Polizist an. Gerade hat mir noch ein anderer befohlen, den Fotoapparat in den Rucksack zu stecken und nicht mehr herauszunehmen. Aber das war vor zehn Metern und vor der mit mehr als einem Dutzend Sicherheitskräften bemannten Straßenbarriere. »Da drüben!«, kommt es noch immer sehr knapp, aber schon ein wenig freundlicher. Der Polizist begleitet mich zu einem kleinen Getränkestand, wo ich meine Kamera deponieren muss.

Die Straße, die bisher von Devotionalienläden gesäumt war, wandelt sich nun in einen kahlen Weg. Auf der einen Seite begrenzt ihn eine hohe Ziegelmauer, auf der anderen ein stacheldrahtbewehrter Metallzaun. Bei einem Checkpoint wird mir dann mein ganzer Rucksack abgenommen, lediglich den Pass und mein Geld darf ich nach einer langwierigen Leibesvisite bei mir behalten. Zwischen mehrere Meter hohen Metallbarrieren führt der nun kaum noch mehr als einen Meter breite, gewundene Pfad weiter. Ab einem gewissen Punkt sind die Barrieren seitlich und oben mit einem Drahtgeflecht verstärkt. Selbst in diesem Gittergefängnis folgt noch ein weiterer Checkpoint und eine weitere Körperkontrolle. Dazu beobachten Sicherheitskräfte, die im freien Gelände um den Pfad patrouillieren, jeden Besucher.

An einer von einem halben Dutzend Polizisten

bewachten Stelle tut sich auf der rechten Seite schließlich eine Öffnung in der Barriere auf. In einiger Entfernung sind im Inneren eines weißen Zeltes in prunkvolle Gewänder gehüllte Götterstatuen zu sehen. In ihrer Mitte steht Ram, jene Gottheit, für die an genau dieser Stelle von Ayodhya ein Tempel errichtet werden soll. Ein Priester sitzt mit verschränkten Beinen an der Barriere, segnet mich und reicht mir mit dem Gruß »Jai Shri Ram« eine *Prasad* (geweihte Süßspeise). An diesem Tag sind nur wenige Pilger unterwegs, einer der Polizisten lässt sich in ein Gespräch verwickeln. »Jetzt ist es wieder ruhig«, sagt er. »Jetzt passiert vorerst einmal gar nichts.« »Nein, sobald wird hier kein Tempel gebaut«, meint er dann. Er will noch mehr sagen, doch einer seiner Kollegen herrscht mich an, weiterzugehen. Dies sei kein Ort für lange Unterhaltungen.

Durch die nun wieder geschlossenen Barrieren geht es zurück zum ersten Checkpoint, wo ich meinen Rucksack zurückbekomme, und von da auf einem Umweg mit Blick auf Sandsackburgen zur ersten Wegschranke und dem Getränkestand. Erst auf diesem letzten Wegstück dürfen wieder Händler ihre Waren anpreisen. Kleine bunte Götterbilder sind im Angebot, auch Poster und Kassetten mit Liedern für Ram, Sita und Hanuman. Umgerechnet dreißig bis fünfzig Cent kosten die allerdings nur auf Hindi erhältlichen Büchlein über das im nordindischen Bundesstaat Uttar Pradesh gelegene Ayodhya. Heftchen mit Farbfotos von den wichtigsten Stätten des Ortes zeigen auf dem Deckblatt und der Rückseite Modelle des geplanten Ram-Janmabhumi-Tempels.

Noch am Morgen des 6. Dezember 1992 stand dort, wo sich heute das weiße Zelt befindet, die von Mogulenherrschern im 16. Jahrhundert errichtete Babri-Moschee. Doch an jenem Tag stürmten und zerstörten fanatische Hindus den Bau, weil er sich am Geburtsort von Ram befunden haben soll. Wenn Geschichtswissenschafter betonen, dass es weder für diese Behauptung Beweise gebe, noch dafür, dass Ram eine historische Figur gewesen sei, dann kontern die Hindu-Nationalisten stets mit den Worten: »Das ist eine Frage des Glaubens.« Und im Namen dieses Glaubens bestehen sie auf den Tempelbau.

Wenn sie die Hoffnung hegten, dass die Verwirklichung ihres Projekts mit dem politischen Erfolg der Indischen Volkspartei (BJP) in greifbare Nähe rücken würde, so sahen sie sich jedoch bald enttäuscht. Die BJP, die noch 1984 lediglich zwei von insgesamt 545 Sitzen im Bundesparlament gehabt hatte, bekam zwar zwölf Jahre später erstmals die Chance, eine Regierung zu bilden, der designierte Premier Atal Bihari Vajpayee scheiterte jedoch, weil keine andere Partei damals ein Bündnis mit seiner Partei eingehen wollte. 1998 fiel dieses Tabu. Doch um Partner zu finden, musste die BJP auf wesentliche Hindutva-Punkte verzichten, darunter den Tempelbau. Vajpayee bezeichnete diesen im Jahr 2000 erneut als unerfülltes nationales Anliegen, im Koalitionspapier aber hatte und hat er keinen Platz.

Der rastlos gewordene Welt-Hindu-Rat (Vishwa Hindu Parishad, VHP) begann 2001 schließlich mit einer neuerlichen Agitation für den Tempel. Der 15. März 2002 wurde dann als Stichtag für den Baubeginn festgelegt. Seit Februar strömen *Kar Sevaks* (Freiwillige) nach Ayodhya zu Pilgerfahrten oder, um sich an den Vorbereitungen für den Bau zu beteiligen. Premierminister Vajpayee führte zwar Verhandlungen mit dem Welthindu-Rat, BJP-Präsident K. Jana Krishnamurthy jedoch forderte alle Parteizellen auf, sich von der VHP-Agitation fernzuhalten. Doch warum ließ der Premier die VHP gewähren? Solange der Rechtsstreit unentschieden ist, besteht laut einer nach der Zerstörung der Moschee erlassenen Verfügung des Obersten Gerichtshof ein absolutes Bauverbot, die Bundesregierung hat für die Wahrung des Status quo in Ayodhya zu sorgen. Die Pläne für den 15. März liefen dieser Regelung absolut zuwider. Warum also griff die Regierung nicht durch? Die Frage erlangte eine dramatische Dringlichkeit, als am 27. Februar vermutlich extremistische Muslime bei der Stadt Godhra im westindischen Bundesstaat Gujarat einen Zug überfielen. Sie steckten mehrere Waggons in Brand, in denen Kar Sevaks aus Ayodhya zurückkehrten. 58 Menschen, die Mehrheit von ihnen Frauen und Kinder, kamen in den Flammen ums Leben.

Keiner konnte einen derartigen Anschlag entschuldigen. So tragisch und verdammenswert der Überfall auf den Zug gewesen sei, betonte allerdings ein Analyst, so tragisch sei zugleich die Tatsache, dass ein derart gewaltsamer Zwischenfall »infolge der aggressiven Kampagne des Welt-Hindu-Rats absolut vorhersehbar war«. Diese Aktivisten seien nicht von einer »wohltätigen Versammlung« gekommen; sie hätten sich an einer

»gravierenden und widerrechtlichen Mobilisierung« beteiligt, »um einen Tempel zu errichten und die Muslime in Indien zu provozieren«, erinnerte Testa Seetalvad von der in Mumbai ansässigen Organisation »Communalism Combat« (Kampf dem Kommunalismus, wie religiöser und anderer Chauvinismus in Indien gemeinhin bezeichnet wird).

Mehr als zweitausend Menschen verloren bei den landesweiten gewaltsamen Ausschreitungen nach der Zerstörung der Babri-Moschee 1992 ihr Leben. Hunderte Gujaratis, in der Mehrzahl unschuldige Muslime, wurden binnen weniger Tage nach Godhra bei Racheakten in Gujarat getötet, ganze muslimische Wohnviertel wurden in einigen Städten niedergebrannt. Vajpayee spricht von einem »schwarzen Fleck auf der Stirn der Nation« und von »Schande«. Hektische Verhandlungen folgen. Doch die VHP besteht auf einen zumindest symbolischen Baubeginn am 15. März mit der Darbringung zweier geweihter Tempelsteine (*Shila Daan*). Der Oberste Gerichtshof wird eingeschaltet und verfügt am 13. März, dass keine *Puja* (religiöse Feier) stattfinden dürfe. Ayodhya verwandelt sich in eine Festung, 15.000 Sicherheitskräfte beziehen Stellung, das umstrittene Gelände wird weiträumig abgesperrt, alle Tempel werden nach *Kar Sevaks* durchsucht. Der gesamte Verkehr kommt zum Erliegen, weder Züge noch Busse oder Lastwagen dürfen nach Ayodhya kommen. Selbst Kremationen am Ufer des Saryu-Flusses werden kurzzeitig untersagt. Mahant Ramchandra Das Paramhans, der Leiter des Ram Janmabhumi-Trusts, droht mit Selbstmord, sollte die *Shila*

Daan verhindert werden. Die Regierung entsendet schließlich ein Mitglied des Ayodhya-Büros im Amt des Premierministers, das am 15. März weitab vom umstrittenen Gelände in einer von heiligen Gesängen begleiteten Zeremonie die Steinblöcke entgegennimmt. Nur kurz kommt es zu gewalttätigen Zusammenstößen, als sich *Kar Sevaks* aus Zorn über diese Kompromisslösung gegen ihre religiösen Führer wenden.

In den folgenden Tagen beschließt die Regierung, dass das Gerichtsverfahren um das umstrittene Gelände in Ayodhya mit regelmäßigeren und dichteren Zeugeneinvernahmen beschleunigt werden soll. Eine oberflächliche Normalität kehrt in Ayodhya ein. Die meisten Geschäfte öffnen wieder ihre Rollläden und Balken. Die Zahl der Pilger geht drastisch zurück, die Stärke der Sicherheitskräfte wird reduziert. Doch auch noch einige Tage nach dem 15. März sind alle zwanzig bis fünfzig Meter Polizisten postiert. Die Spannung hat allerdings so weit nachgelassen, dass sich die Sicherheitskräfte am 19. März in Grüppchen um Transistorradios scharen können, um das Kricketspiel Indien gegen Zimbabwe zu verfolgen.

Unter den *Kar Sevaks* und vielen Anhängern des Welt-Hindu-Rats ist die Enttäuschung spürbar. »So viel Aufhebens ist gemacht worden. Tagelang mussten wir unsere Geschäfte geschlossen halten und finanzielle Einbußen hinnehmen. Und dann das!«, empört sich der Händler Rajgopal darüber, wie die *Shila Daan* gelaufen ist und fügt gleich hinzu: »Vier Jahre ist Vajpayee jetzt im Amt und noch immer steht kein Tempel hier. Und

Ashok Singhal«, kommt er dann auf den VHP-Präsidenten zu sprechen, »was für ein Betrüger«, wiederholt er mehrfach, während er mit dem Zeigefinger auf ein Foto von Singhal in der aktuellen Tageszeitung klopft. »Große Versprechen macht er, und dann geht er in die Knie … Betrüger … Aber«, unterbricht Rajgopal seine Tirade, »bleiben Sie doch nicht da stehen. Kommen Sie, setzen Sie sich her zu mir. Da können wir besser reden.« Über drei Stufen gelange ich in seinen Laden und von da auf die in die Straße vorspringende Plattform, auf der er inmitten seiner Waren thront. Zigaretten und Zuckerwerk gibt es im Angebot, Süßigkeiten aus Reis und gegorener Milch. Kaum habe ich Platz genommen, kommt schon seine Frau gelaufen und fragt, ob ich denn nicht einen kleinen Imbiss nehmen würde. Dazu serviert sie mir wenig später eine Tasse besten Masala-Chai, mit Kardamom gewürzten, picksüßen Milchtee. Unter Rajgopals wachsamen Augen muss ich nun zunächst essen und trinken, erst dann setzt er zu weiteren Erklärungen an.

»Der Tempel wird gebaut werden«, sagt er mit Nachdruck. »Und wie ist es mit einer Moschee? Sollte hier nicht auch wieder eine Moschee entstehen, an der Seite eines Tempels?«, werfe ich vorsichtig ein. »Niemals. Hier wird keine Moschee mehr errichtet. Babur zerstörte den ersten Ram-Tempel«, erwidert er heftig. Ich verzichte darauf zu erwähnen, dass auch diese Behauptung, wonach ein Ram-Tempel zerstört wurde, um der Babri-Moschee Platz zu machen, historisch noch nicht erhärtet sei. »Wissen Sie,« folgt dann die Erklärung, »Ram ist unser Gott, das ›Ramayana‹ ist unsere Bibel. Haben Sie die Verfilmung im Fernsehen gesehen? Sie können sich das auch auf Videokassetten besorgen.« Ich habe sie gesehen, wenn auch nicht in vollem Umfang, lief die Serie doch 1987–1988 über 78 Wochen. Aber ich muss gestehen, das Programm selbst und die Ereignisse rundherum sind mir bestens in Erinnerung geblieben. Wenn die Sendung Sonntagvormittag ausgestrahlt wurde, sollen die Straßen in Bombay, wo ich damals wohnte, wie ausgestorben gewesen sein, berichteten die wenigen, die sich vom Bildschirm lösen und einen Blick hinaus aus dem Fenster werfen konnten. Jeder, aber wirklich jeder, schienen auch Gespräche zu belegen, musste das »Ramayana« sehen, und sei es nur, um mitreden und, wie im Falle einer Minderheit, die Produktion kritisieren zu können.

Vertraut sind wohl die allermeisten Inder mit der Geschichte von Ram, dem ältesten Sohn des Königs von Ayodhya, der sich mit seiner Frau Sita und dem Bruder Lakshman ins freiwillige Exil im Wald begibt, weil der König Bharat, den Sohn seiner zweiten Frau, als Nachfolger auserkoren hat. Im Wald wird Sita von Ravan, dem als Eremiten getarnten König von Lanka, entführt, woraufhin Ram und Lakshman mit Hilfe des Affengottes Hanuman und einer ganzen Armee von Affen den Kampf gegen Ravan und dessen Gefolge aufnehmen. Die glitzernden, funkelnden Pfeile, die anlässlich des Ringens der Gegner über den Bildschirm schwirren, schließlich kollidieren und wieder in die Gegenrichtung fliegen, gehören zu den unvergesslichen Bildern der Fernsehserie. Ravan wird besiegt, doch mit der Befreiung Sitas findet das Drama noch nicht sein Ende. Sita muss sich einer Feuerprobe unterziehen, um zu beweisen, dass sie Ram treu geblieben ist.

Feministinnen verwehrten sich gegen die Propagierung dieses Frauenbilds im staatlichen Fernsehen. »Wenn Sita unser Ideal ist, wird dann wohl *Sati* (Witwenverbrennung) als nächstes folgen?«, fragten einige. Filmkritiker bemängelten die Qualität der Serie, Intellektuelle meldeten sich ablehnend zu Wort. Dem Erfolg des Programms tat das keinen Abbruch. Die meisten Menschen hatten ganz offenkundig vor allem Sorge, nur ja keine Folge zu verpassen. So berichteten Medien, dass erzürnte Bürger ein kleines Elektrizitätswerk zerstört hätten, nachdem ein Stromausfall sie zur entscheidenden Stunde am Fernsehen gehindert hatte.

Die Beliebtheit des »Ramayana« als Text und in der Verfilmung ist eines, seine Propagierung als »Bibel der Hindus« aber etwas ganz anderes. In seiner ursprünglichen Form, sagt die inzwischen emeritierte Historikerin Romila Thapar, die lange an der Jawaharlal Nehru-Universität in Neu-Delhi lehrte, war das »Ramayana« »kein heiliges Buch ... Es war eine Erzählung, eine Geschichte in epischer Form.« Wann die ursprüngliche, lange Zeit nur mündlich überlieferte Version geschaffen wurde, sei ungeklärt, nachweisbar sei dagegen, wie im Laufe der Zeit vielfältigste Versionen der Ram-Katha, der Geschichte Rams, entstanden sind. Auch Jains und Buddhisten hatten ihre eigenen Ram-Kathas. Manche dieser Texte wurden, nachdem Ram als eine der Inkarnationen des Gottes Vishnu anerkannt wurde, als heilige

Schriften betrachtet und dienten der Verbreitung des Vishnu-Kultes. Daneben aber bestanden die Volksversionen weiter, die ein wichtiger Bestandteil des kulturellen Erbes, aber eben keine religiösen Texte waren.

Der Ram-Kult der Sangh Parivar, einer »Familie« nationalistischer Hindu-Organisationen, der neben der VHP und der BJP die ideologische Muttergruppe RSS (Rashtriya Swayamsevak Sangh, Nationale Freiwilligenorganisation), der Jugendverband Bajrang Dal und andere Gruppen angehören, ist für Thapar rein politisch motiviert. »Hier werden die semitischen Religionen nachgeahmt, die im Gegensatz zum Hinduismus über einen Propheten, eine heilige Schrift, einen geografisch identifizierbaren Ort, wo alles seinen Anfang nahm, über eine kirchliche Struktur sowie über Mechanismen zur Verbreitung des Glaubens verfügen. Anstatt zu betonen, dass sich die religiöse Erfahrung in der indischen Zivilisation und innerhalb der religiösen Sekten, die unter dem Begriff Hinduismus zusammengefasst werden, von den semitischen Religionen ganz wesentlich unterscheidet, wird der Versuch unternommen, etwas Vergleichbares zu konstruieren. Ram wird zur Gottheit erklärt, das »Ramayana« zur heiligen Schrift, die (nicht belegte) Historizität Rams soll untermauert werden, indem man darauf pocht, dass sein Geburtsort sich in Ayodhya befindet und genau dort einst ein Tempel stand, der dann von Babur zerstört wurde.« Die kirchliche Struktur solle durch die Einbeziehung bestimmter heiliger Männer entstehen, die »Kirchengemeinde« durch die Mobilisierung von *Kar Sevaks* und *Ram*

Sevaks. Für Thapar ist der *Mandir-Masjid* (Tempel-Moschee)-Streit in Ayodhya symbolischer Ausdruck eines »neuen militanten, aggressiven und kreuzzüglerischen Hinduismus.«

Historikerinnen und Historiker wie Thapar aber und generell Säkularisten, die der Hindutva-Ideologie ablehnend gegenüberstehen, werden von deren Verfechtern als Pseudo-Säkularisten abgetan. Für den Generalsekretär der VHP, Pravin Togadia, fallen sie in die Kategorie der »drei M – Marx [ein Verweis auf die über Jahrzehnte von der Kongresspartei vertretene sozialistische Ideologie und die marxistische Orientierung führender Akademiker und Intellektueller], Macaulay [Begründer eines am britischen System orientierten westlichen Bildungssystems in englischer Sprache am Subkontinent] und *Madrasas* [Koranschulen] –, die *Bharat* (Indien) fremd sind«, klagt Togadia an.

»Säkulare Taliban«, schimpft ein Passant, der meinem Gespräch mit dem Händler neugierig gefolgt ist, die Hindutva-Gegner. – »Taliban?« – »Ja, diese Pseudo-Säkularisten sind so fanatisch wie die Taliban. Und wir Hindus sind ihr Angriffsziel«, erklärt der Passant auf die Nachfrage. »*Jai Shri Ram*«, tönt es mir gleich wenige Schritte weiter aus einem Bücherstand entgegen. Den Gruß werde ich an diesem Tag noch oft zu hören bekommen. Doch es gibt auch skeptische Stimmen. Manche Händler, die früher das Tempelprojekt durchaus auch aus eigennützigen Motiven unterstützt hatten, schließlich rechneten sie nach dessen Verwirklichung mit einem steten Fluss von Pilgern und in der Folge mit höheren Umsätzen, haben nun genug von dem Hin und Her, der Unsicherheit und den vielen Tagen, an denen sie, gerade wieder erst, ihre Läden geschlossen halten mussten und dadurch schwere Geschäftseinbußen erlitten haben. Andere fordern eine rasche und endgültige Entscheidung, wie immer diese auch ausfällt. Im Ramsevakpuram am Rande von Ayodhya aber wird weiter gemeißelt und gehämmert, gesägt und geschliffen. Am Eingang zum »Dorf der Diener Rams« steht ein etwa einen halben Meter hohes Modell des künftigen Tempels, im Gelände selbst sind bereits hunderte Säulen, Kapitelle und andere Tempelteile aufgeschichtet. Einige *Ramsevaks* wollen nicht davon abgehen, dass der Tempel »noch in diesem Jahr errichtet wird.«

Auf dem Rückweg vom Ramsevakpuram fängt mich ein *Sadhu*, ein heiliger Mann, ab. Mit wirrem Haar, einem orangenen Tuch um die Taille und bloßfüßig ist er unterwegs zum Saryu-Fluss, und dorthin, lässt er sich nicht abwimmeln, müsse ich unbedingt mit ihm kommen. Er redet etwas von Tränen und weinenden Göttern, woraus ich in diesem Moment nicht klug werde. »Kommen Sie, kommen Sie«, fordert er und so ziehen wir auf der Hauptstraße quer durch den Ort unter nicht wenigen neugierigen Blicken. Unter einem Baum am Ufer des Flusses zeigt mir der Mann, der sich Lalbaba nennt, dann einen kleinen Hanuman-Tempel. »Da, sehen Sie, er weint«, deutet er auf das linke Auge des Gottes. »Er weint«, stimmt ein Chor Schaulustiger ein. Das Auge der Statue scheint tatsächlich feucht zu sein, was immer nun die Ursache dafür ist. »Er weint«, setzt Lalbaba nach,

»weil es große Probleme gibt.« – »Welche denn?« – »Die Welt, der Zustand der Welt … der Tempel …«

Der Tempel ist auch auf der Bahnfahrt am nächsten Tag unvermeidbares Thema. Für den ersten Teil der Strecke nach Lucknow habe ich keinen reservierten Platz mehr bekommen und muss mir einen Sitz in der so genannten allgemeinen Klasse suchen. Auf beinharten Holzbänken drängen sich da die ärmeren Passagiere. Anstelle einer Klimaanlage sorgen offene Fenster und knarrende Deckenventilatoren für ein wenig Abkühlung. Fliegende Händler kommen in regelmäßigen Abständen vorbei, mit Cola und Wasser, gerösteten Erdnüssen, pikanten Linsen, Sandwiches und Omeletts, Orangen, Tee und Kaffee. Über den Snacks dreht sich die Konversation allmählich im Kreis. »Der Tempel muss gebaut werden«, beharrt ein Mann. »So viel Unruhe wegen eines Tempels, als ob es nicht schon genug Tempel im Land gäbe«, wendet ein Vater von drei Knaben ein. »Sie sollten einfach ein Spital oder eine Schule anstelle der zerstörten Moschee errichten. Und endlich für Frieden sorgen«, versucht ein junger Mann mehrfach einzuwenden, wird aber vom Tempelverfechter jedesmal wieder heftig zurechtgewiesen.

Die Tageszeitung *Hindustan Time*s meldet an diesem Tag, dass sich Schulkinder schon gänzlich von ihren Eltern vernachlässigt fühlten. Während sie ihnen sonst am Abend noch bei Hausaufgaben oder der Vorbereitung von Tests behilflich gewesen seien, würden sie nun nur mehr vor dem Fernseher sitzen und sämtliche Nachrichten zu Ayodhya auf allen Kanälen verfolgen. Und derer gibt es unzählige seit Beginn der Wirtschaftsliberalisierung 1991 und der darauf folgenden Ankunft des Kabelfernsehens in Indien.

Nach der Rückkehr nach Neu-Delhi treffe ich Seshadri Chari, den Chefredakteur der RSS-Wochenzeitung *Organiser*. Soeben hat die RSS bei ihrer Jahrestagung eine Erklärung verabschiedet, derzufolge sie »die Nation stärken wird«, indem sie »die Hindus stärken wird. Denn alles, was die Hindus und Hindutva stärkt, kann nur die Nation stärken.« Die RSS, heißt es unter Verweis auf die Teilung von 1947 und auf Kaschmir, werde keine weitere Zerstückelung des Landes zulassen. »Indien wurde geteilt, weil die Hindus in der Minderheit waren« [gemeint sind jene Gebiete, die schließlich zum neuen Staat Pakistan zusammengeschlossen wurden]; dasselbe Muster wiederholte sich in Kaschmir, stellt die RSS in einem impliziten Verweis auf die Kaschmir-Pandits fest. »Aber wir werden darum kämpfen, das Land zusammenzuhalten, und jeder Hindu sollte sich dem anschließen. … Denn jeder weiß, dass die Zukunft und das Schicksal des Landes mit der Hindu-Gesellschaft verbunden sind.« Mit ihrer Aufforderung an die Muslime, sich den »guten Willen der Hindus« zu verdienen, löst die RSS einen Aufschrei der Empörung unter den Säkularisten aus.

Doch ein gelassener Chari sagt mit sanfter Stimme: »Das müssen Sie im Kontext des Weltgeschehens sehen. Das ist eine universell anwendbare Aussage. Nirgendwo auf der Welt wird der Minderheit das Recht zugestanden, den Ton anzugeben«, kommt er auf die üblichen Vorwürfen gegen die Muslime zu sprechen. Sie seien als Invasoren gekommen, hätten das Land geteilt, seien von der Kongresspartei, die mit Ausnahme weniger Jahre von der Unabhängigkeit bis 1996 regierte, »verwöhnt« worden. Und von dort gelangt er rasch zum Streit um Kaschmir, dem eigenen Privatrecht, das die Verfassung allen Religionsgruppen zugesteht, und nicht zuletzt dem leidigen Thema der Konversionen. Die Muslime – und auch die Christen – müssten sich ihrer Vergangenheit und ihrer Wurzeln bewusst sein. »Nur weil man seine Religion wechselt, ändert man nicht seine Vorfahren. Die Muslime und Christen sollten sich dessen bewusst sein, dass sie alle einmal zu dieser Zivilisation, zu diesem Land, zu dieser Kultur und dieser Geschichte gehörten. Wenn sie ihre Wurzeln irgendwo im Nahen Osten oder auf der arabischen Halbinsel suchen, dann geraten sie hier in Probleme.«

Diese RSS-Argumentation hat ihre Wurzeln beim Hindu-Nationalisten Vinayak Damodar Savarkar, der 1922 ein Manuskript mit dem Titel »Hindutva« verfasste. Darin vertrat er die These, dass die Hindus eine Nation bilden. Als Hindu definierte er jeden, der Indien vom Indus bis zum Indischen Ozean als sein Vaterland *(pitrubhu)* und zugleich als sein heiliges Land *(punyabhu)* betrachtet. Angehörige von Konfessionen, die ihren Ursprung und ihre heiligsten Plätze nicht in Indien haben, waren damit per Definition ausgeschlossen oder zumindest als die anderen ausgegrenzt, die man unter der Voraussetzung, dass sie sich assimilierten, dulden würde. »Wenn in England von britischen Muslimen die Rede sein kann, warum sollten wir dann nicht den Begriff Hindu-

Muslime einführen?«, fragt Chari und betont: »Die Muslime müssen in sich gehen. Wer sind nun ihre Vorfahren? Ist es Ram oder ist es Babur?«

Babur und Muhammed Ghazni, immer wieder fallen diese beiden Namen. Kein Historiker bestreitet die Raubzüge, die Muhammed – oder Mahmud, wie er zumeist genannt wird – im 11. Jahrhundert von Ghazni (im heutigen Afghanistan) aus in den Subkontinent unternahm. Nur die Hindutva-Ideologen aber nehmen Ghazni zum Symbol für alle Muslime, die in der Folge als Eroberer und Händler ins Land kamen, teils mächtige Dynastien wie jene der Mogulen errichteten und bis ins 19. Jahrhundert hinein über weite Teile des Subkontinents herrschten, bis ihre Macht durch die britischen Kolonialherren gebrochen wurde.

»Mehr als dreitausend Tempel wurden [von den muslimischen Herrschern] zerstört. Wir verlangen ohnedies nicht den Wiederaufbau von allen dreitausend. [Historiker sprechen von nicht einmal hundert zerstörten Tempeln.] Wir fordern nur die drei von Ayodhya, Kashi und Mathura«, betont Chari die Großzügigkeit der RSS und will die Aufregung um die gewaltsame Zerstörung der Babri-Moschee nicht verstehen. »Die baufällige Struktur in Ayodhya – ich will sie gar nicht als eine Moschee bezeichnen – hätte in jedem Fall abgetragen werden müssen.« Die Aktivisten seien am 6. Dezember 1992 einfach »rastlos« geworden. Sollte der Oberste Gerichtshof nun verfügen, dass das umstrittene Gelände in Ayodhya an die Muslime gehen müsse, »dann ist die Wahrscheinlichkeit groß, dass es zu heftigen Agitationen kommen wird«, betont Chari und fragt: »Wo war denn dieser Gerichtshof, als der ursprüngliche Ram-Tempel zerstört wurde? Und nach welchen Kriterien will der Oberste Gerichtshof urteilen? So wie Jesus hatte auch Ram keine Geburtsurkunde. Das Gericht kann nicht entscheiden, ob Ram an dieser Stelle in Ayodhya geboren wurde oder nicht. Es ist eine Frage des Glaubens.«

Weil die Säkularisten – die »englischen Ghaznis« in der Diktion mancher Hindutvawadis – diesen (Hindu-)Glauben nicht verteidigen, »ist die Hindu-Gesellschaft aggressiv geworden und hat das Gesetz in ihre eigenen Hände genommen«, rechtfertigt VHP-Generalsekretär Togadia den 6. Dezember 1992 ebenso wie die Racheakte an Muslimen nach dem Überfall auf die *Kar Sevaks* bei Godhra im Jahr 2002. »Die Hindus sind keine Feiglinge mehr«, spielt er auf das seit der Gründung der RSS 1925 propagierte Stereotyp des toleranten, sanften und daher schwachen und feigen Hindus an, der sich genau aufgrund dieser Charakterzüge nicht gegen Invasoren und Kolonialisten habe zur Wehr setzen können.

»Die Hindus spüren, dass sie (die Muslime) nur die Sprache von Muhammad Ghazni verstehen, also lasst uns Hindu-Ghaznis werden«, erklärt Togadia. »Ayodhya verteidigen bedeutet *Bharat* [Indien] verteidigen«, schreibt der Chefredakteur der hindu-nationalistischen Publikation *Panchjanya*. »Der Tempel ist das Symbol einer erwachenden Zivilisation. Er steht für unsere Vision eines glorreichen, wohlhabenden und stolzen *Bharat*. So wie die Freiheitsstatue.«

Ahmedabad

»Wahre« Hindus rufen zum Boykott

Ausgelassenes Treiben kennzeichnet üblicherweise Holi. Mit ungezügelten Farbenschlachten begehen die Inder Jahr für Jahr ihr Frühlingsfest. Doch Ende März 2002 gibt es in Ahmedabad keinen Anlass zum Feiern. Aus Sorge vor Unruhen haben die Sicherheitskräfte vielmehr eine Ausgangssperre über die meisten Viertel der Millionenstadt im westlichen Bundesstaat Gujarat verhängt. Eine unheimliche Stille liegt über den verlassenen Straßen. Medienvertreter können sich zwar Sondergenehmigungen bei der Polizei besorgen, um durch die Stadt zu fahren. Doch wer über kein eigenes Fahrzeug verfügt, kommt kaum weiter. Sobald die Rikschafahrer den Namen von Vierteln hören, in denen es zu Ausschreitungen gekommen ist, schütteln sie heftig den Kopf. Nein, dahin fahren sie nicht. Auch nicht in die Nähe. Nicht einmal für einen höheren Fahrpreis. »Zu gefährlich.« »Kommt nicht in Frage.« »Unmöglich«, erwidert einer nach dem anderen. Endlich, nach mehr als einer halben Stunde erfolgloser Verhandlungen, erklärt sich einer bereit zu fahren. Es geht ohnedies in einen friedlichen Außenbezirk, aber um dorthin zu gelangen, müssen andere Bezirke durchquert werden. Ständig blickt der Fahrer nach links und rechts, jeden der wenigen Passanten beobachtet er genau, als würde er mit einem Angriff rechnen. Kein Zweifel, der Mann hat

Angst. Aber es passiert nichts. Wir kommen unbeschadet ans Ziel und später wieder zurück ins Hotel. (»Hier brauchen Sie sich keine Sorgen machen. Hier ist alles in Ordnung. Hier leben ja nur Hindus«, versichert mir der Mann an der Rezeption.) Der ganze Festtag vergeht in den meisten Vierteln in einer Art Friedhofsruhe. »Keine nennenswerten Zwischenfälle«, melden die Nachrichten am Abend. Am nächsten Morgen wird die Ausgangssperre in vielen Bezirken wieder gelockert.

Von einer Rückkehr zur Normalität aber kann keine Rede sein. In den folgenden Tagen kommt es zu neuen Gewaltakten. Menschen werden erstochen und erschlagen oder mit Säure angegriffen. Häuser und Geschäfte werden niedergebrannt. Babys sterben an Dehydration in den überfüllten Lagern. Selbst am 4. April, als Premierminister Atal Bihari Vajpayee Ahmedabad mit großer Verspätung einen Besuch abstattet, und an allen darauf folgenden Tagen kommen wieder Menschen gewaltsam um. Die Zahl der Toten seit dem 28. Februar steigt Anfang April auf über achthundert und erreicht gegen Ende des Monats neunhundert, knapp die Hälfte davon sind in Ahmedabad zu beklagen. Seit am 27. Februar vermutlich extremistische Muslime bei der Stadt Godhra in Gujarat einen Zug mit Hindu-Aktivisten überfallen haben, die sich im nordindischen Ayodhya an den Vorbereitungen für einen Tempelbau an genau jener Stelle beteiligt hatten, wo 1992 eine Moschee zerstört worden war, nehmen die Racheakte an unschuldigen Muslimen kein Ende. In zahlreichen Städten ermordet und verbrennt ein Hindu-Mob muslimische Bewohner, vergewaltigt muslimische Frauen, steckt ganze muslimische Wohnviertel in Brand und zerstört muslimische Geschäfte sowie Moscheen. Mehrfach wird berichtet, wie Hindu-Frauen, die Muslime geheiratet haben – und in einigen Fällen auch zum Islam konvertiert sind – von dem Mob angegriffen, entkleidet und dann ermordet werden. Das Grabmal des Sufi-Poeten Wali Gujarati, den Angehörige aller Religionen verehren, wird nicht nur zerstört; jegliche Spur davon wird verwischt und unter frischem Beton begraben. Fernsehaufnahmen und Medienfotos belegen, wie bei vielen Gewaltakten die Sicherheitskräfte untätig bleiben, unbeteiligt zusehen oder einfach wegschauen.

»Ich bin zutiefst beschämt darüber, was in Gujarat vorgefallen ist, und darüber, dass Menschen in ihrer eigenen Stadt zu Flüchtlingen geworden sind«, erklärt der Premier vor den tausenden muslimischen Opfern der jüngsten Ausschreitungen im Shah-e-Alam-Lager. »Ich kann einfach nicht verstehen, wie ein Mensch einen anderen lebendigen Leibes verbrennen kann. In unserer Tradition verbrennen wir einen Körper, nachdem das Leben aus ihm gewichen ist«, sagt Vajpayee. Er verspricht Sicherheit und Rehabilitation. »Wir müssen in die Zukunft blicken. Die Zeit hat eine heilende Wirkung«, erklärt er später bei einem anderen Termin auf seiner kurzen, eiligen Tour durch Gujarat.

Kaum einer der überwiegend muslimischen Flüchtlinge – insgesamt sollen rund hunderttausend Menschen in Gujarat vertrieben worden sein

– kann aus den Worten des Premiers Zuversicht schöpfen. »Wir haben alles verloren. Unsere Existenz ist zerstört«, sagt ein Mann in einem Lager im Ahmedabader Vorort Gomtipur. »Wir haben Angst«, betont ein anderer. »Wir können nicht mehr zurück«, flüstert ein dritter. Notdürftig sind sie untergekommen, ihr Camp besteht aus nicht mehr als riesigen Zeltplanen auf wackeligen Stangen. Darunter kauern nun zu Hunderten Kinder, Männer und Frauen, auch hochschwangere. Mehr als zwei Dutzend Kinder sind bereits in den verschiedenen Lagern zur Welt gekommen, in allen mangelt es an Sanitäranlagen. Mit Zynismus haben die Flüchtlinge an jenen Orten, die auf Vajpayees Besuchsplan standen, die Vorbereitungen verfolgt. »Als gelte es, eine Hochzeit zu feiern, wurde da plötzlich alles hergerichtet«, kommentiert es ein Mann im Shah-e-Alam-Lager.

Der Premier kommt und geht. Die Flüchtlinge bleiben. Fünf Wochen sind seit jenen allerschlimmsten Tagen vergangen, die sofort auf Godhra folgten. Doch noch will keiner den relativen Schutz der Lager verlassen. Einige wenige sind zu den Trümmern ihrer Häuser oder Geschäfte zurückgekehrt. Sie wollten nachsehen, ob es noch irgendeinen Besitz zu retten gäbe, und bezahlten dafür mit dem Leben. Selbst wenn die in der jüngsten Gewaltorgie verwüsteten Viertel wieder aufgebaut und die Häuser und Geschäfte der Muslime neu errichtet würden, ist unsicher, ob die muslimischen Opfer noch einmal in gemischten Bezirken leben wollten. Viele lassen anklingen, sie würden nur mehr in rein muslimische Bezirke ziehen.

»Das ist unser großes Dilemma«, sagt ein Universitätslektor, der sich in der Citizens' Initiative (Bürgerinitiative), einer Allianz von knapp drei Dutzend Nichtregierungsorganisationen (NGOs), in der Versorgung der Flüchtlinge mit Lebensmitteln und Arzneien engagiert. »Wenn diese Gesellschaft heilen und wieder ein Gefühl der Zusammengehörigkeit entstehen soll, müssen die Angehörigen der verschiedenen Religionsgruppen miteinander leben. Wie aber können wir die Muslime davon abhalten, sich nun völlig in Ghettos zurückzuziehen, solange die jetzt so vergiftete Atmosphäre anhält? Wie können wir ihnen je wieder ein Gefühl der Sicherheit geben?« »Die Muslime von Gujarat sind heute zerstörte, geschlagene, vor Angst erstarrte Menschen. Die jüngsten Ereignisse haben sie so erschüttert, dass sie niemandem mehr trauen – weder den staatlichen Organen, noch der Polizei, noch den Ärzten, nicht ihren Nachbarn, nicht einer einzigen Person«, erklärt das Citizens' Forum.

Als »Laboratorium der Hindutva-Kräfte« bezeichnen säkulare Inder heute Gujarat und beklagen, dass es ausgerechnet in diesem Bundesstaat, in dem der große Freiheitskämpfer und Apostel der Gewaltlosigkeit Mahatma Gandhi geboren wurde, der Sangh Parivar gelungen ist, so tiefe Wurzeln zu fassen. »Wir haben Gandhi vergessen und verraten. Die Zivilgesellschaft hat hier völlig versagt«, gesteht ein Friedensaktivist ein. Die Sangh Parivar (Hindu-Familie), eine Gruppe von Hindu-Organisationen, der auch Vajpayees BJP angehört, »hat in den vergangenen zwei Jahrzehnten in Gujarat systematisch die Stimmung gegen die Muslime geschürt und muslimfeindliche Mythen propagiert«, sagt Prasad Chako vom Citizens' Forum. »Die säkularen Kräfte organisieren sich dagegen immer nur nach Unruhen und lassen dann in ihrer Aktivität wieder nach, anstatt permanent dem Treiben der Hindu-Faschisten entgegenzuwirken.«

Der Erfolg der Sangh Parivar lässt sich auch daran messen, dass sich noch nie Vertreter der Mittelklasse in so großer Zahl an der Verfolgung der Muslime und an der Plünderung muslimischer Geschäften beteiligt hatten. Unter die Plünderer mischten sich Augenzeugenberichten zufolge diesmal auch mehr Frauen als je zuvor. In teuren Wagen sollen so manche Angehörigen der wohlhabenden Schichten vorgefahren sein, um sich im Laden eines vertriebenen Muslim zu bedienen und wenig später mit kostenlos beschafften Gütern wieder abzuziehen.

Doch es ist nicht das Ausmaß der Gewalt und der Plünderungen allein, das Entsetzen hervorruft. Erschreckend sind auch die Rechtfertigungen, die Vertreter und Anhänger der Sangh Parivar finden. »Was geschehen ist, ist geschehen.« »Es musste eben so kommen.« »Was passiert ist, war längst überfällig.« Mit solchen Worten, ja sogar mit Stolz rechtfertigen Hindu-Chauvinisten nun die Gewalt, die die Verfechter eines säkularen Indiens nicht einfach nur als ein weiteres Beispiel von »Unruhen« oder »Ausschreitungen« in die lange Geschichte religiös motivierter Konflikte im Land eingehen lassen wollen. Sie sprechen von einem verheerenden negativen Sprung. Wenn, wie diesmal, Angehörige der einen Religionsgruppe derart gezielt attackiert werden, dann könne nicht von »blinder« Gewalt die Rede sein. Wenn die Angreifer aufgrund der Information aus Wahllisten oder Gemeindeämtern ganz bewusst die muslimischen Bürger heraussuchten – gab es beispielsweise ein einziges muslimisches Geschäft unter Dutzenden, so wurde dieses und kein anderes zerstört und dessen Besitzer ermordet –, dann handle es sich um »Genozid« und »Verbrechen gegen die Menschlichkeit«, die als solche gerichtlich verfolgt werden müssten.

Aber wird es dazu kommen? Vajpayee selbst fordert nicht einmal Narendra Modi, den ebenfalls der BJP zugehörigen Chefminister von Gujarat, zum Rücktritt auf. Führende BJP-Politiker stellen sich hinter Modi und sprechen ihm ihre Anerkennung dafür aus, wie schnell er die Gewalt unter Kontrolle gebracht habe. Binnen 72 Stunden sei ihm das gelungen, betont Modi seit Anfang März immer wieder. Von manchen Hindutva-Kreisen bereits als ihr neuer Held gefeiert, lässt er sich in dieser Überzeugung weder durch tägliche Nachrichtenmeldungen noch durch die Untersuchungen der staatlichen Menschenrechtskommission (NCHR) beirren. Die Pogrome an den Muslimen sind für ihn eine natürliche Reaktion auf Godhra, die tägliche Gewalt mit den Exzessen der ersten Tage nicht vergleichbar und daher vernachlässigbar. Der Karikaturist der *Times of India* kommentiert sie mit einer Zeichnung unter dem Titel »Die neuesten Nachrichten«: Mit einer Zeitung in der Hand sitzt Vajpayee inmitten eines Stoßes von Zeitungen mit den »Meldungen der letzten Woche«, den »Meldungen von gestern«,

»Meldungen von heute«, »Meldungen von morgen«, die sich alle mit der immer gleichen Schlagzeile zusammenfassen lassen: »Gewalt in Gujarat«.

Die Menschenrechtskommission wirft der Landesregierung Modi »gelinde gesagt Untätigkeit und Ineffizienz« vor. Der NCHR-Vorsitzende J. S. Verma betont, dass alles, was passiert ist, »hätte verhindert werden können«, hätten nur die Sicherheitskräfte sofort nach Godhra Präventivmaßnahmen ergriffen oder zumindest nach Ausbruch der Gewalt durchgegriffen. Zur Frage nach der Rolle der staatlichen Organe hat bereits zuvor Kuldip Nayar, Publizist, Ex-Diplomat und heutiges Oberhausmitglied erklärt: »Selbst während der Teilung des Subkontinents trugen die Staatsorgane die größte Verantwortung. Sie waren auf der Basis der Religion gespalten. Auch die vielen Jahre, die seither vergangen sind, haben keinen Unterschied gemacht. Trotz ihrer Verpflichtung, die Verfassung hochzuhalten, laut deren Präambel Indien eine säkulare, demokratische Republik ist, sind die Regierungsbeamten infiziert. Die Religion, nicht ihre Pflicht, kommt für sie zuerst«, klagte Nayar, der selbst 1947 von Pakistan nach Indien geflüchtet war.

Ungeachtet der Anschuldigungen, die die Menschenrechtskommission wenig später in einem umfassenden Bericht im Detail darlegt, schließt sich Vajpayee Mitte April bei einer BJP-Tagung in Goa Modis von Newton abgeschauter Reaktionstheorie an. »Uns wird heute vorgeworfen, dass der Säkularismus gefährdet ist«, erklärt Vajpayee. »Wer sind diese Leute, die uns da Vorwürfe machen? Indien war säkular, bevor die Muslime kamen und die Christen Fuß auf diesen Boden setzten. … Heute schafft die eine Milliarde Inder ihre Zukunft auf Basis ihrer eigenen Kultur. Manchmal kommt es hier und dort zu kleineren Zwischenfällen, bisweilen zu größeren. Aber wenn man nach den Wurzeln sucht, findet man Intoleranz als deren Ursache … Was ist in Gujarat passiert? Wenn da keine Verschwörung stattgefunden hätte, um unschuldige Passagiere des Sabarmati-Express zu verbrennen, wäre die nachfolgende Tragödie in Gujarat verhindert worden. Menschen wurden lebendigen Leibes verbrannt. Wer waren die Schuldigen? Die Regierung ist dabei, dies zu untersuchen. Aber wir dürfen nicht vergessen, wie die Tragödie von Gujarat ihren Anfang nahm. Die nachfolgenden Ereignisse waren sicher zu verurteilen, doch wer entzündete das Feuer?« Kein Wort der Kritik an Modi entkommt dem Premier, kein Wort der Kritik daran, dass hier Menschen das Gesetz in ihre eigenen Hände nehmen. Implizit wird Rache, selbst wenn sie sich in brutalsten, grausamsten Gemetzeln äußert, zu einem legitimen Instrument. Der Premier, der, wie manche Analysten mutmaßen, Modi gerne los werden möchte, befindet sich im Spannungsfeld zwischen den Hardlinern in der eigenen Partei wie auch in der Sangh Parivar und jenen, die bei allem Bekenntnis zur Hindutva-Ideologie die Ereignisse in Gujarat nicht gutheißen können oder sogar als den eigenen Interessen schädlich erachten.

In Ahmedabad setzen die Fanatiker ihr Werk fort. »Wenn du ein wahrer Hindu bist, mache hundert Kopien von diesem Zettel und verteile sie. *Jai Shri Ram*«, steht über Flugblättern, wie sie aus der Stadt nicht mehr wegzubekommen sind. Der Verfasser, der sich als »wahrer Hindu-Patriot« bezeichnet, ruft darin zu einem lückenlosen wirtschaftlichen Boykott der Muslime auf. Kein Hindu solle mehr bei einem muslimischen Händler einkaufen noch einem Muslim etwas verkaufen, er solle kein von einem Muslim gefertigtes Produkt mehr erwerben, Filme mit muslimischen Schauspielern meiden, keinem Muslim einen Arbeitsplatz geben noch bei einem Muslim Beschäftigung suchen. »Eine derart rigide Wirtschaftsblockade wird diese antinationalen Elemente ersticken. Sie wird sie brechen. Dann wird es unmöglich sein für sie, in irgendeinem Winkel dieser Nation zu leben. Freunde, befolgt dies von heute an. Dann wird kein Muslim wagen, sich gegen uns zu erheben. … *Jai Shri Ram*! … (Wenn Sie ein echter Hindu sind und unsere Religion und unser Land lieben, dann befolgen Sie dies … und sorgen Sie dafür, dass auch die Frauen sich daran halten)«, schließt das Flugblatt.

»Das Schlimme ist, dass so viele Hindus für solche Forderungen Verständnis aufbringen«, erzählt Anita Dixit vom Verhaltensforschungszentrum in Ahmedabad. »Wenn ich diese Flugblätter verurteile, wie oft bekomme ich da zu hören: ›Du bist doch auch Hindu. Du solltest das wohl verstehen.‹« »Dürfen wir wirklich noch von Wunden sprechen, die wieder heilen können? Oder ist es schon ein Krebs, der unsere Gesellschaft zerfrisst?«, fragt einer ihrer Kollegen. Hoffnung schöpfen sie, wie so viele andere Friedensaktivisten in Gujarat, heute vor allem aus der Tatsache, dass auch die allerschärfsten Verurteilungen der jüngsten Gräueltaten von Hindus kommen. Was die Fanatiker in Gujarat getan haben, »läuft dem Hinduismus gänzlich zuwider. [Diese Menschen] zerstören den Geist des Hinduismus«, schreibt einer von vielen, die in der Ideologie der Sangh Parivar eine völlige Verkehrung des Hinduismus sehen.

Doch das sind die Debatten unter den Erwachsenen. »Wie machen wir unseren Kindern das alles verständlich?«, fragt die Sozialwissenschafterin Geeta Oza. Vor wenigen Tagen ist ihr achtjähriger Sohn, der die dritte Klasse einer christlichen Eliteschule in Ahmedabad besucht, mit folgender Geschichte nach Hause gekommen: »Heute hat mich ein Mitschüler gefragt, ob ich Hindu oder Muslim bin. Da hab ich gesagt, ich glaube, ich bin Hindu. Darauf hat er geantwortet: Da hast du aber Glück, wenn du Muslim wärst, würde ich dich jetzt umbringen.«

Rache

Der Ruf nach einem Tempel der Toleranz

»Strikte Vegetarier sind zu Kannibalen geworden. … Welcher Gott erlaubt ihnen denn, Kerosin in die Kehlen von Kindern zu gießen, damit sie besser verbrennen? Welcher Teil der [heiligen Texte der] ›Upanischaden‹, des ›Ramayana‹ oder des ›Mahabharata‹ … ermutigt sie, Frauen zu vergewaltigen, bevor sie sie erstechen? Welcher Gerechtigkeitssinn, welches Ehrgefühl, welches religiöse Gesetz regt Polizisten dazu an, sich an die Spitze derer zu stellen, die Unschuldige niedermetzeln? … Dieses Gujarat ist ein Staat der Ungläubigen, der echten, 24-karätigen barbarischen Atheisten. … Das einzig passende Willkommensschild für Gujarat sollte stolz verkünden: ›Der aller-un-hinduistischste Bundesstaat von ganz Indien‹.«

Vernichtendere Worte als der Romanschriftsteller Ruchir Joshi hat kaum einer gefunden. Joshi, selbst gebürtiger Gujarati, betont seine verbale Hilflosigkeit angesichts der Gräuel in seiner Heimat. »Genozid«, »ethnische Säuberung«, »Pogrom«, kein Ausdruck erscheint ihm stark genug für das nicht enden wollende »Abschlachten« menschlichen Lebens.

Auch Muslime üben dieser Tage Kritik an der Verfolgung ihrer Glaubensbrüder. Doch die schärfsten Worte, die lautesten Rufe nach einem Verbot der RSS und der VHP, die mit den Taliban und Al-Qaida verglichen werden, kommen von

Hindus, die sich gegen die Pervertierung ihrer Konfession zur Wehr setzen. Was in Gujarat passiert, ist »Un-, ja Anti-Hindu. ... Wie können Menschen, die ihre Nachbarn erstechen, verbrennen und töten, sich selbst Hindus nennen?«, ist Tag für Tag aufs Neue zu hören.

Und wer hat das Definitionsrecht dafür, was ein echter Hindu ist und worin das wahre Wesen des Hinduismus besteht? Für wen sprechen denn die RSS und die VHP, wen vertreten sie denn? »Eine kleine Minderheit, die sich an ihrer illegalen Macht berauscht und deren destruktive Agenda die Unterstützung von wohl kaum mehr als fünf bis zehn Prozent der Hindus hat, beansprucht für sich, das Gefühl der Nation zu vertreten und nennt jene, die ihre Agenda ablehnen ›Anti-Hindu‹«, schreibt Vinod Mehta, der Chefredakteur des Wochenmagazins *India Today* in einem Leitartikel unter dem Titel »Ist Indien Ruanda?« Er verurteilt die Art, in der Hindutvawadis den Säkularisten stets vorwerfen, den Zugüberfall bei Godhra nicht hinreichend zu beklagen und angeblich zuviel Sympathie für die in den darauffolgenden Massakern ermordeten Muslime zeigen. Für Mehta steht fest: Kein noch so »diabolisches« Verbrechen »verrückter, bigotter Individuen« wie der Überfall bei Godhra lasse sich mit dem »Staatsterrorismus«, dessen sich die Regierung in Gujarat schuldig gemacht habe, vergleichen.

»Die Menschen, die die Gewaltakte in Gujarat (einschließlich des Brandanschlags auf den Zug) begangen haben, haben nicht nur die Beziehungen zwischen Hindus und Muslimen weiter vergiftet. Sie haben das Land in dessen eigenen Augen und in denen der Welt verwundet«, betont Mehta und fragt: »Ist Indien eine selbstsichere, reife und sukzessive wohlhabendere Weltmacht? Oder ist es eine barbarische, tribale Bananenrepublik vom Schlage Ruandas? Kann ›Rache‹ ein Instrument der Staatspolitik werden? Diese strahlenden *Sants, Shankaracharyas* und *Acharyas,* die mit solcher Selbstverständlichkeit in den Korridoren der Macht verkehren, müssen sich fragen, was sie erreicht hätten, wenn sie mit dem Bau ihres geliebten Ram-Tempels in Ayodhya Indien zerstören.«

Den Vergleich mit Ruanda bemüht auch Raja Menon, ein ehemaliger Marineoffizier, der heute zu strategischen Themen schreibt. Genozid kann seiner Ansicht nach nur in den seltensten Fällen von staatlichen Organen geahndet werden, da diese sich in der Regel der Komplizenschaft schuldig gemacht hätten. »Das Verhalten der Regierungsvertreter von Gujarat unterscheidet sich in nichts von dem der zwei ruandischen Nonnen, die in Belgien wegen Komplizenschaft im Genozid vor Gericht stehen – sie hatten sich geweigert, Flüchtlingen Zuflucht zu gewähren, die dann Opfer von Massakern wurden. Die Souveränität Ruandas wurde übergangen, um den Nonnen den Prozess zu machen, obwohl ihre Schuld geringer war als die des Verantwortlichen der Polizeistation von Naroda«, fordert Raja Menon ein öffentliches internationales Tribunal.

»Jeder normale Inder ist angewidert und beschämt von dem Holocaust, der im Namen der Religion begangen wurde«, schreibt ein Kommentator in der Tageszeitung *The Hindu* und ruft diese normalen Inder zum Handeln auf. Denn »wir verdienen es, als Kriminelle bezeichnet zu werden, weil wir eine kriminelle Regierung ins Amt gewählt haben. ... Es ist höchste Zeit, dass wir aufstehen und unseren Protest kundtun. Sind wir eine kastrierte Nation, dass wir uns weigern, die Schuldigen des Holocaust zu bestrafen? Oder ist das alles einfach zur Gewohnheit geworden, wie das Verbrennen von jungen Ehefrauen, von *Dalits* [Unberührbaren], von *Sikhs*, von Missionaren und das Ermorden weiblicher Babys? Die VHP und Bajrang Dal müssen zu terroristischen Organisationen erklärt werden«, fordert der Autor.

Hindutva-Kritikern entgeht auch nicht die Ironie, dass Neu-Delhi zwar von Islamabad verlangt, seine Islamisten, Terroristen und diversen *Dschihadis* unter Kontrolle zu bringen, zugleich aber selbst nicht in der Lage – oder nicht willens – sei, die *Parishadis* (Mitglieder und Anhänger der VHP), *Kar Sevaks* und sonstige im Namen des Hinduismus agierende Fanatiker zu bändigen. Genau verfolgt wird auch die Wortwahl der BJP-Politiker in ihren Reaktionen auf einen Angriff von Bajrang-Dal-Aktivisten auf das Parlament des Bundesstaates Orissa. Der genaue Hergang des Überfalls von Mitte März 2002 ist umstritten, fest steht aber, dass die Aktivisten ihre Empörung darüber äußern wollten, wie Neu-Delhi die *Shila-Daan*-Zeremonie in Ayodhya wenige Tage zuvor gehandhabt hatte. Wenn BJP-Vertreter den Zwischenfall in Orissa verurteilen, vermeiden sie es penibel, von einem Terrorakt zu sprechen. Wie aber würden sie sprechen, wenn Muslime das Parlament angegriffen hätten, fragen Regierungskritiker. Der Anschlag von Orissa »durch unsere eigenen Staatsbürger ist schlimmer als ein Attentat auf das Parlament in Srinagar durch ausländische Terroristen«, stellt ein Leserbriefschreiber klar.

»Lasst uns einen Tempel für die Toleranz errichten«, mahnt der Sozialaktivist Swami Agnivesh in einem gemeinsam mit einem christlichen Pastor verfassten Artikel. »Woher kommt dieser billige Mut zu töten, zu vergewaltigen und zu plündern? Ist er nicht schlimmer als die alte Feigheit?«, kommt darin die Antwort auf Togadias Bild vom nun nicht mehr feigen, sondern aggressiven Hindu. »Indem ihr im Namen von *Mandir* (Tempel) und *Masjid* (Moschee) tötet, verhöhnt ihr beide. Auf euren Lippen ist der Name Gottes ein Skandal. Euer Eifer ist Blasphemie. … Wollt ihr diese Entweihung der Religion nicht beenden? Habt ihr nicht gehört, wie ein Kind unlängst fragte: Haben ihre Götter Fangzähne? Beißen sie? Trinken sie Blut? Essen sie menschliches Fleisch? … Indien ist der Verlierer. Und das macht uns Sorge. … Uns, den Menschen. Einer Milliarde Menschen. Es ist unser Haus, das ihr in Brand gesteckt habt!«

Manche Autoren und Analysten gehen auf die konkreten Vorwürfe gegen die Muslime ein. »Ich kann ja das Trauma verstehen, das eure Generation bei der Teilung, in den Kriegen mit Pakistan, aufgrund der Lage in Kaschmir und in allerjüngster Zeit infolge des Terrorismus durchlebt hat. Aber kann man wirklich jedes echte und imaginierte historische Unrecht den heutigen muslimischen Bürgern vorwerfen?«, schreibt der Auslandsinder Raju Rajagopal, der einer in Kalifornien gebildeten Koalition gegen den Kommunalismus in Indien angehört, in einem fiktiven Brief an seine Tante. »Wenn es ihnen nicht passt, sollen sie nach Pakistan gehen!«, führt er einen häufigen Spruch an, den auch er in seiner Kindheit und Jugend hunderte Male gehört hat. Aber, entgegnet er, »niemand hat das Recht, die Legitimität einer ganzen Gemeinschaft innerhalb eines demokratischen Systems infrage zu stellen. ... Sehen wir doch der Realität ins Auge: Indien beheimatet die drittgrößte muslimische Gemeinde der Welt, und sie wird auch hier bleiben.«

Sein Onkel Ram, erinnert sich Rajagopal dann, kam nie darüber hinweg, dass Muslime vier Frauen haben dürfen und mit dem dreifachen *Talaq* jede einzelne verstoßen können. Jedesmal, wenn das Gespräch wieder darauf kam, fragte Rajagopal den Onkel, ob er denn mit der Tante nicht glücklich wäre. »Natürlich«, schreibt Rajagopal, »wäre es wunderbar, ein einheitliches Privatrecht zu haben. Aber laut unserer Verfassung muss jede Initiative zur Rechtsreform von den Minderheiten selbst kommen. Würden wir, die Mehrheit, ihnen doch nur den Raum für eine Debatte geben«, wünscht er sich und fragt sich sogleich, ob es denn den Hindus zustehe, die Muslime derart zu Reformen zu drängen, »wenn wir uns selbst nicht haben reformieren können, was Kinderehen, Quälereien wegen Mitgift, Behandlung von Witwen und die verheerende Diskriminierung der *Dalits* betrifft.«

Ein weiteres Thema: Kricket. Ein indischer Hindu kann über die indische Nationalmannschaft nach Lust und Laune herziehen, wenn diese einmal völlig versagt, ja er kann sich sogar an einem guten Match oder guten Spielzügen der Pakistanis erfreuen. Aber Gott behüte, »ein indischer Muslim tut das Gleiche. ... Wie absurd ist es doch, dass Kricket zum ultimativen Test für die Treue der Muslime geworden ist.« Rajagopal hat auch nicht vergessen, wie es war, als seine Familie im Vorjahr eine Wohnung in Indien suchte. Kurz vor Kaufabschluss erkundigten sie sich so nebenbei nach den anderen Eigentümern. »›Keine Sorge, Sir, wir verkaufen nicht an Muslime‹, schoss da die Dame von der Agentur zurück. Als wir fassungslos aus ihrem Büro stürmten, verstand die arme Frau ganz offenkundig nicht, was plötzlich die Aufregung war. Da fiel mir wieder jener Abend ein, als Mutter von ihrem abendlichen Tratsch mit den Nachbarn heimgekehrt war und uns besorgt mitgeteilt hatte, dass nebenan eine christliche Familie einziehen würde. ›Wenigstens sind es keine Muslime‹, hatte sie sich damals getröstet!«

»Kann Ram wirklich einen Tempel um jeden Preis wollen? Selbst wenn er auf einem Berg toter Inder errichtet würde? ... Mit Ziegeln aus Hass und dem Mörtel der Intoleranz gebaut wird?«, fragt Rajagopal. Ist es nicht »an der Zeit, das Schweigen zu brechen? Sollen wir nicht damit beginnen, so laut wir nur können von den Dächern zu schreien, dass die Sangh Parivar uns nicht vertritt? Dass sie den Hinduismus entweiht. Im Interesse unseres Landes und unserer künftigen Generationen, kämpfen wir jetzt für unsere Seele, bevor es zu spät ist.«

Der Oberhausabgeordnete Kuldip Nayar führt Pakistan als warnendes Beispiel an, »ein theokratischer Staat, der die Winde des Fundamentalismus und *Dschihad* angefacht hat und nun versucht, sich zum Pluralismus zu bekehren. Aber kann der Geist zurück in die Flasche beordert werden?« »Wir möchten uns gerne als zivilisiertes Land sehen. Wir blicken gern auf Pakistan hinab, weil es nicht an unser hohes Zivilisationsniveau herankommt«, stellt eine Analystin fest und muss eingestehen: »Doch unter der dünnen Deckschicht unserer Demokratie und Toleranz liegt eine dunkle, barbarische Seite.«

Der Diplomat und frühere indische Hochkommissar in Pakistan, G. Parthasarathy, erinnert daran, dass ein Indien, in dem der Säkularismus schwach würde, jede »moralische Basis für seinen Anspruch auf Kaschmir« verlieren würde. Die »Untätigkeit und kommunalen Vorurteile der Regierungsmaschinerie in Gujarat«, fährt er fort, würden Jinnahs Zwei-Nationen-Theorie nur bestätigen. »Wir können den Herausforderungen seitens Pakistans nur dann erfolgreich begegnen, wenn Indien und die Inder das Wesen ihrer Nation als tolerant, pluralistisch, demokratisch und säkular definieren«, betont Parthasarathy. Schon Wochen zuvor hat die *Times of India* von »dem nicht in den Griff zu bekommenden Konflikt zwischen zwei Visionen von Indien« gesprochen. Der einen, die sich Demokratie, Säkularismus, Pluralismus und Rechtsstaat verpflichtet fühle und in der Verfassung von 1950 festgeschrieben wurde, und jener anderen, die »den Glauben über Verfassung, Parlament und Gerichte stellt und Nationalismus und Kultur mit der Hindu-Mehrheit gleichsetzt.«

Sofort nachdem die BJP 1998 genügend Partner fand, um eine Koalition auf Bundesebene zu bilden, äußerten Säkularisten ihre Sorge vor jenem Tag, an dem die Indische Volkspartei zur Bildung einer Alleinregierung in der Lage wäre. Sie hofften, wie sie betonten, diesen Tag nie erleben zu müssen. Manche trösteten sich mit Wahlanalysen, denen zufolge bei weitem nicht alle, die der BJP ihre Stimme gaben, auch deren Hindutva-Agenda unterstützten. Viele hatten einfach genug von einer korrupten Kongresspartei, die selbst seit der Amtszeit von Premierministerin Indira Gandhi (1966–1977, 1980–1984) aus wahltaktischen Gründen die religiöse Karte gespielt und den Säkularismus unterminiert hatte. Nicht wenige wollten in der BJP die heranwachsende konservative Partei als Gegenstück zum sozialistischen Kongress und damit die zweite große Partei in einem weiten Spektrum kleinerer und vielfach nur auf Regionalebene bestehender Gruppierungen sehen. In den wenigen Fällen, in denen letztere auf Bundesebene Koalitionen bildeten, erwiesen sich diese als instabil und kurzlebig.

Einer, der die BJP als Alternative zum Kongress sehen wollte, meldet sich nun zu Wort: »Es ist schwer, die inneren Qualen die ich im letzten Monat durchgemacht habe, in Worte zu fassen. Ahmedabad ist mein Zuhause; ich bin ein tiefgläubiger Hindu; und ich habe in den letzten fünf Jahren die BJP unterstützt. Ich habe mich vor dem letzten Urnengang sogar im Wahlkampf für die Partei engagiert, da ich ehrlich glaubte, Atal Behari Vajpayee wäre der beste Premierkandidat. Entsetzten liberalen Freunden gegenüber entgegnete ich stets, dass sich die BJP zur indischen Republikanischen Partei entwickeln würde, mit ihren extrem rechten Randelementen, die Lärm machen würden, aber nicht die Politik machten.« Wie naiv sei er doch gewesen, gibt Karthik Muralidharan, der gerade an der Harvard-Universität in Boston auf seinen Ph. D. hinarbeitet, nun angesichts der Ereignisse in Gujarat unumwunden zu. Er dürfte wohl nicht der Einzige sein, der bei den nächsten Wahlen der BJP nicht mehr seine Stimme geben will. Schon bei Regionalwahlen in mehreren Bundesstaaten sowie in der Hauptstadt Delhi hat die Partei im Februar und März 2002 schwere Niederlagen hinnehmen müssen. Innerhalb der Sangh Parivar sind die Spannungen stark gewachsen. Für voreiligen Optimismus besteht dennoch kein Grund. Auch wenn es der VHP und der Bajrang Dal gelingt, nur einen geringen Prozentanteil der Bevölkerung in Sachen Hindutva zu mobilisieren, so sind das angesichts der einen Milliarde Einwohner noch immer viel zu viele Menschen, die verheerenden Schaden anrichten können, betont Muralidharan. Seine Argumentation erinnert an die von Pakistanis, die darauf hinweisen, dass selbst fünf Prozent radikale Muslime in ihrem Land sieben Millionen Menschen ausmachen, die zum Teil noch sehr gut organisiert sind und vor nichts zurückschrecken. In Indien wären dementsprechend schon ein Prozent Fanatiker zehn Millionen Menschen.

»Wir kämpfen eine Schlacht um die Seele Indiens«, wiederholt Muralidharan eine dieser Tage oft geäußerte Ansicht und mahnt: »Wie ein Freund mir sagte, ›wenn wir schon alle Lehren Gandhis vergessen haben, wir hätten nie vergessen dürfen, wer ihn ermordet hat.‹«

Treuetest

Die Muslime bleiben die Fremden

S. A. Ali ist Inder. So weit er die Geschichte seiner muslimischen Familie zurückverfolgen kann, und das sind viele Generationen, hat diese im Norden des Landes gelebt. Lange vor der Teilung des Subkontinents und auch danach. Ali selbst wollte nie irgendwo anders hin. »Ich liebe diese Vielfalt«, beschwört der Professor an der Hamdard-Universität von Neu-Delhi genau jene Eigenschaft des Landes, die Säkularisten gemeinhin als seine Stärke und Schönheit preisen: den Reichtum an Ethnien, Sprachen, regionalen Kulturen – und Religionen. In einem Staat, fügt Ali hinzu, in dem bis auf eine winzige Minderheit alle Menschen einer Konfession angehören, möchte er gar nicht leben. Er braucht keine Beispiele zu nennen, es ist klar, dass er auch Pakistan mit seinen zu 97 Prozent muslimischen Einwohnern meint, ein Gutteil davon Einwanderer aus Teilen des Subkontinents, die heute zu Indien gehören, sowie deren Nachkommen.

Vergleichbare Gefühle offenbart an genau demselben Tag, an dem ich Ali zum Gespräch in seinem Büro treffe, auch der muslimische Publizist Saeed Naqvi in einem Kommentar für die Tageszeitung *Indian Express*. Bei seiner Rückkehr von einer Reise nach Pakistan habe sein Bruder Shanney vor einigen Jahren festgestellt: »Ein nettes Land, aber zu viele Muslime«, schildert Naqvi und betont: Sein Bruder meinte das keinesfalls als Witz. »Es war ein Ausdruck seines gesamten Wesens, in dem hinduistische und muslimische Kulturströmungen organisch miteinander verbunden sind. In Pakistan fand sich Shanney der vielfältigen Identitäten beraubt, die alle Inder kennzeichnen. Er wurde nur mehr eindimensional als Muslim gesehen«, schreibt Saeed Naqvi und erinnert daran, wie er selbst über die Jahre stolz darauf gewesen sei, indischer Muslim zu sein, und jedem sein »Mantra« vorgetragen habe: »Der indische Säkularismus schützt unter einer Milliarde Menschen die zweitgrößte muslimische Gemeinschaft der Welt, und jedes Thema, einschließlich Kaschmir, muss unter Beachtung dieser Tatsache behandelt werden.« Doch wie soll er heute noch daran festhalten? »Seht, was ihr getan habt. In Gujarat habt ihr mich meines Mantras beraubt. Wie soll ich heute all jenen gegenübertreten, denen ich einst mit solcher Selbstsicherheit begegnet bin, wenn sie mich nun mit einem fragenden, mitleidvollen Blick fixieren?«

Jeder geht auf seine Art mit den persönlichen Wunden um. Wenn die Autorin Arundhati Roy betont, »es muss entsetzlich sein, im heutigen Indien ein Muslim zu sein«, dann meint Ali dazu: »Das ist einer dieser medienträchtigen Sätze. Wieviel Angst einer hat, kommt darauf an, wo er lebt, ob in einem für Unruhen anfälligen Viertel oder nicht.« Er selbst wohnt in einer – bislang zumindest – sicheren Gegend. Doch wenn er seine persönliche Sicherheit nicht bedroht sieht, ist er doch im Alltag immer wieder mit Vorurteilen, Misstrauen und Ablehnung konfrontiert. »Was«, fragt

Ali, »soll ich denn sagen, wenn chauvinistische Hindus mir mit folgendem Anliegen kommen: Es gebe, habe ich nicht erst einmal zu hören bekommen, so viele christliche und muslimische Länder auf der Welt. Wenn jedes einen Teil der Christen oder Muslime aus Indien aufnehmen würde, dann könnte Indien ein Staat einzig und allein für die Hindus werden. Dann könnten die Hindus wenigstens ein Land ausschließlich für sich haben. Was kann ich darauf schon antworten? Indien ist ein freies Land und jeder darf hier seine Meinung äußern. Aber fest steht: Wir Muslime sind und bleiben für solche Menschen einfach die Fremden, die als Invasoren und Eroberer gekommen sind und 1947 noch dazu den Subkontinent geteilt haben«, sagt Ali. Ob Millionen Muslime wie er sich hier und nirgendwo anders zugehörig fühlen und es schließlich auch sind, zählt nicht.

Bei derart radikalen Forderungen nach einem reinen *Hindu-Rajya* (Reich der Hindus) erübrigt sich selbstverständlich die Frage nach der Treueprüfung, wie Mushirul Hasan sie im Spätherbst 2001 stellte. »Meine Landsleute, lasst mich bitte ein für allemal wissen, ob ich euren Loyalitätstest bestanden habe«, ersuchte der in Neu-Delhi lehrende, angesehene Universitätsprofessor für Geschichte damals in einem Zeitungskommentar. Wie kann ein indischer Muslim beweisen, dass er Indien als seine einzige Heimat ansieht, dass seine »Treue« diesem und keinem anderen Land gilt, weder Pakistan noch irgendeinem anderen islamischen Staat, fragte er, nachdem die Terrorakte in den USA vom 11. September gewisse Hindu-Kreise dazu veranlasst hatten, zwar nicht gleich die Ausweisung aller indischen Muslime zu fordern, aber doch wieder einmal massiv deren nationale Identität zu hinterfragen.

Wie reagieren die Muslime? Haben sie sich klar genug gegen Fanatiker vom Schlage der Al-Qaida-Mitglieder distanziert? Verurteilen sie die Gewalt im Namen des Islam hinreichend? Lehnen sie darüber hinaus den von Pakistan geförderten Terrorismus in Kaschmir ab? Und tun sie es laut und glaubwürdig genug? Oder verfallen sie nicht immer wieder in ein verdächtiges Schweigen, das man ihnen als Komplizenschaft auslegen muss?

»Glauben Sie mir, angesichts solchen Misstrauens und permanenter Vorwürfe ist es eine verdammt schwierige, zeitaufwändige und anstrengende Aufgabe, die eigene Zugehörigkeit unter Beweis zu stellen«, betonte Hasan. Weder er selbst noch andere gemäßigte, moderne Muslime streiten die Existenz von muslimischen Fundamentalisten, Fanatikern, Terroristen und Verbrechern in Indien ab. Sie verwehren sich aber gegen Aussagen von Hindutvawadis, wonach zwar nicht jeder Muslim ein Krimineller, aber jeder Verbrecher von Rang und Namen in Indien ein Muslim sei. Wenn Liberale wie der Menschenrechtsaktivist Javed Anand darauf hinweisen, dass *Dschihad* in erster Linie den »Kampf gegen das Böse in sich selbst« bedeutet, so gibt er unumwunden zu, dass die Mitglieder der im vorigen Herbst von der Regierung verbotenen »Islamischen Studentenbewegung Indiens« (Simi) ganz offenkundig ein anderes Verständnis von *Dschihad* haben. In Frieden mit den Hindus und anderen Nicht-Muslimen zu leben, ist ihrer Ansicht nach der sichere Weg in die Hölle.

Zweifelsohne gibt es auch Muslime, die die Hindus verachten und nicht vor Tiraden zurückschrecken über »die kleinen, dunklen, feigen Menschen im alten, armen Hindustan«, die »Mäuse, Elefanten und dergleichen anbeten und seit mindestens fünftausend Jahren die schlimmsten Verbrechen der Menschheitsgeschichte an den *Dalits* [Unberührbaren] und *Shudras* begehen, die in Wahrheit die echten Inder sind.« Aber muss eine namhafte Kommentatorin derart formulierte E-Mails wirklich zum Anlass nehmen, »die« Muslime, also mehr als hundert Millionen indische Muslime, pauschal zu verurteilen, sie in einem Rundumschlag alle der Parteilichkeit für die Taliban zu verdächtigen und »den« indischen Muslimen erklären, dass sie »vor der Wahl zwischen einem paranoiden Pan-Islamismus und der Zugehörigkeit zu Indien« stehen? Immerhin gibt es unter ihren Kolleginnen und Kollegen ja auch jene, die darauf verweisen, wie der Fanatismus von – jeweils kleinen Minderheiten von – Hindus und Muslimen einander bedingt.

Auch der Imam der Jama Masjid in Neu-Delhi oder der muslimische Hitzkopf Syed Shahabuddin sind häufig für radikale Aussagen zu haben. Doch wessen Worten wird mehr Aufmerksamkeit geschenkt, dem Shahi Imam, der seine Unterstützung für Osama bin Laden kundtut, oder der angesehenen muslimischen Filmschauspielerin Shabana Azmi, die ihm daraufhin empfiehlt, er möge sich, anstatt Indiens Muslime in Verruf zu bringen, doch lieber nach Kandahar begeben und dort für die Taliban kämpfen? »Die Medien stürzen sich auf die wildesten und radikalsten Worte und bedienen das Stereotyp des bärtigen Mullah, der möglichst noch mit einer Kalaschnikow fuchtelt«, sagt Syeda Hameed, Leiterin des Muslimischen Frauenforums in Neu-Delhi. Für wen spricht denn der Imam oder Shahabuddin? Neunzig Prozent der rund 130 Millionen indischen Muslime tragen keinen solchen Hass in sich. Sie wollen wie die große Mehrheit der Hindus in einem friedlichen Indien leben. Stattdessen werden sie durch die Schreie der Fanatiker ebenfalls verdächtig und leben in Angst, Unsicherheit und permanenter Verwundbarkeit. Wenn sich schon prominente liberale Muslime mit ihrer Befürwortung eines versöhnlichen Zusammenlebens der Religionsgemeinschaften wenig Gehör verschaffen können, wie sollen es dann jene Millionen, die, großteils als Analphabeten, in den Dörfern oder in städtischen Slums um ihr tägliches Existenzminimum ringen, fragt eine ernüchterte Syeda Hameed.

Aus den Reihen namhafter indischer Muslime hat sich erst im Herbst 2001 wieder Rafiq Zakaria, Jurist, langjähriger Politiker der Kongresspartei und Autor zahlreicher Bücher, zu Wort gemeldet. In seinem neuen Werk mit dem Titel »The Man Who Divided India« (Der Mann, der Indien teilte) klagt er den Staatsgründer von Pakistan, Mohammed Ali Jinnah, eines »diabolischen Spiels« an. Hindus und Muslime, führt Zakaria ein in liberalen und säkularen Kreisen gängiges Argument an, hätten tausend Jahre lang mehr oder weniger in Frieden mit- oder nebeneinander auf dem Subkontinent gelebt. Mit seiner Zwei-Nationen-Theorie habe Jinnah »die Muslime Südasiens gespalten«. Er sei dafür verantwortlich, dass sie, anstatt in einem gemeinsamen Staat zu leben, zunächst auf zwei und dann gar auf drei Länder verteilt wurden, als sich Ostpakistan als unabhängiger Staat Bangladesch abspaltete. Jinnah »nahm ihnen ihre Einheit und damit ihre Sicherheit. Sie gehörten nirgends mehr hin und waren nirgends mehr zu Hause.«

Zakarias Thesen sind weder neu noch in der bis heute nicht abgeschlossenen Debatte über Ursachen und Verantwortliche der Teilung unumstritten. Interessant ist sein Buch, das auch in der Quellenwahl fragwürdig ist, vor allem als Aufschrei eines gemäßigten indischen Muslims. »Meine große Sorge gilt den Millionen Muslimen, die in Indien zurückgeblieben sind und wegen der schrecklichen Last der Entfremdung und des Hasses, die die Teilung ihnen aufbürdete, kein normales, friedliches Leben führen können«, betont Zakaria. Er zitiert den prominenten pakistanischen Intellektuellen und früheren Hochkommissar in Großbritannien, Akbar Ahmed, der einmal erklärt haben soll: »Pakistan war ein zweifaches Desaster für die Muslime in Indien: Zuerst verloren sie ihr Gefühl des Zusammenhalts und der politischen Stärke in der indischen Union zusammen mit ihrer Führungsschicht und der Mittelklasse, die zu Tausenden nach Pakistan migrierte; dann wurden sie in Indien auf ewig verdammt, weil sie für Pakistan gestimmt und die Einheit Indiens zerbrochen hatten.«

»Im Namen des Islam hat Jinnah ein Gebäude falscher Prämissen errichtet, die Einheit zwischen Hindus und Muslimen unwiederbringbar zerrissen und dies alles nur für seinen persönlichen

Gewinn«, klagt Zakaria Pakistans Staatsgründer an.

Mehr als hundert Millionen Muslime in Indien, in etwa so viele Muslime, wie in Pakistan leben, werden von Hindu-Chauvinisten als monolithischer Block gesehen, als potenzielle Pakistanis, als Angehörige der ebenso monolithisch präsentierten »islamischen Welt« und damit stets des Verrats an *Bharat Mata*, der »Mutter Indien«, verdächtig. »Dabei ist das Schöne am indischen Islam sein Synkretismus. Die Muslime hier sprechen so viele verschiedene Sprachen, gehören so vielen regionalen Kulturen an, so viele Muslim-Frauen tragen Saris. Ich selbst bin sehr gläubig, verrichte meine Gebete und faste, aber wenn Sie mich in einer gemischten Gruppe von Inderinnen sehen, woran wollen Sie denn erkennen, welcher Religion ich angehöre«, sagt Hameed.

Im Konflikt um Kaschmir hat sich die Urdu-Presse im Allgemeinen hinter die indische Regierung gestellt und wenig Sympathien für Pakistan erkennen lassen. Doch warum wird die Urdu-Presse ignoriert? Weil Urdu nicht nur die Sprache der nordindischen Muslime ist, sondern zur Staatssprache Pakistans erhoben wurde? »Ja, warum sollte uns Muslimen denn auch irgendjemand trauen«, fragt Mushirul Hasan, »gleichgültig ob einer nun Atheist oder Gläubiger ist, Säkularist oder Islamist, Marxist oder Anhänger der Kongresspartei?« Die Geschichte, die dieser Tage von Hindu-Nationalisten radikal umgeschrieben wird, wie auch der Alltag würden schon genügend Beispiele für die »Illoyalität« der Muslime liefern, stellen Gemäßigte bitter fest.

Wie denn können Indiens Muslime, die, so Saeed Naqvi, die Gründung von Pakistan stets als Fehler angesehen haben, ihre Treue unter Beweis stellen? Indem sie nun permanent ihren Hass auf Pakistan und dessen Politik einschließlich der Unterstützung für Terroristen in Kaschmir kundtun? Sollen Muslime sich absurd verhalten und mit Transparenten durch die Straßen marschieren, auf denen steht »Wir sind nicht verwöhnt«? »Sollen wir nun täglich Leserbriefe zum Thema ›Appeasement‹ schreiben?« Die Lösung, hat Naqvi oft betont, kann lediglich darin bestehen, dass Indien und Pakistan endlich Frieden schließen und sich sowohl miteinander wie auch mit ihrer gemeinsamen Geschichte aussöhnen.

Anders als Naqvi will dessen Berufskollege M. J. Akbar, Publizist und Autor zahlreicher Bücher, darunter Werke zu Kaschmir sowie eine Biografie von Indiens erstem Premierminister Jawaharlal Nehru, trotz allem weiterhin die Stärken Indiens herausstreichen. »Die Atmosphäre heute gibt keinen Anlass mehr für den Optimismus, mit dem ich Sie noch Mitte Februar getroffen hätte«, sagt er mir im Büro seiner Tageszeitung *The Asian Age*. Und auf die Frage nach der Art der Wunde, die Gujarat dem Land zugefügt habe, meint er nach einem tiefen Seufzer: »Es ist eine Wunde, Gott bewahre uns davor, dass es ein Krebs wird.«

Die Lage der Minderheiten, »besonders der Muslime«, hat sich nach Akbars Ansicht »dramatisch verschlechtert. Die Lynchmobs gefährden die Koexistenz, die modernen Ideen von Staat und Gesellschaft, den Frieden, die Zivilisation. Aber«, betont er, »ich weiß, dass die Werte dieses

Landes immer mächtiger sein werden als seine Übel. ... Sehen Sie doch, wie die Zivilgesellschaft sich auf die Seite der Minderheit gestellt hat. Jeder Fernsehkanal hat jemanden, der sich erhebt und sagt, ›das [was sich in Gujarat abspielt] ist unmenschlich! Aus! Stoppt es!‹ Im Parlament wird darüber debattiert, die Zivilgesellschaft fordert von der Regierung, dass sie die Verantwortung übernimmt, die Zivilgesellschaft steht auf und schreit, und dieses Schreien ist unangenehm für die Regierung. ... Sicher, man hört heute Dinge, die man nie zuvor gehört hat und von denen man nie angenommen hätte, dass man sie je hören könnte unter der so genannten gebildeten Mittelklasse. Aber wir können uns nicht von Narendra Modi [dem Chefminister von Gujarat] besiegen lassen, wir dürfen nicht defätistisch werden.«

Wäre Indien ein Staat von der Größe Gujarats, würde Akbar mehr Zweifel hegen. Doch in seiner Überzeugung von der Stärke, die Indien aus seiner Vielfalt bezieht, will er sich nicht erschüttern lassen. »Die weltweit einzigen Muslime, die über eine lange Periode kontinuierlich in einer Demokratie haben leben können, sind die indischen Muslime«, rezitiert er, was man sein Mantra nennen könnte. [Zum 55. Jahrestag seiner Unabhängigkeit im August 2002 hat Indien mehr als 53 Jahre einer Demokratie hinter sich, die nur von 1975–1977 durch den von Premierministerin Indira Gandhi verhängten Ausnahmezustand suspendiert wurde.] Das aber sei nur möglich gewesen, weil Indien »von einem Traum lebt. Es gibt kein anderes Beispiel für eine derart multi-ethnische, multi-religiöse Nation, die sich eine so idealistischen Verfassung gegeben hat und von den Menschen erwartet, dass sie ihr gerecht werden. Unsere Herausforderung besteht darin, diesen Idealismus angesichts der brutalen, grausamen Wirklichkeit zu bewahren.«

Old-Delhi

Ein Sohn der Stadt auf Besuch im Haveli

»Vor der Teilung, als wir in Lahore waren, bewunderten wir Delhi sehr. Wir sahen es als große Stadt, eine Stadt der stillen historischen Erinnerungen, wo die berühmten Baudenkmäler all jenen, die bereit waren zuzuhören, ruhig und gelassen von der Zeit ihres Ruhmes und ihrer Größe erzählten ... Nach der Teilung, als wir hierher kamen und uns bewusst wurde, dass dies unser neues Zuhause sein würde, ... als wir uns mit der Wirklichkeit konfrontiert sahen, verblasste das verträumte, romantische Bild, das wir von Delhi hatten. Für Flüchtlinge ging es in jenen Tagen ums Überleben. Wir hatten keine Wahl, wir mussten in dem Raum leben, den wir finden, und jede Arbeit verrichten, die wir bekommen konnten. Ich war nicht desillusioniert, ich war sogar dankbar. Wir waren Exilanten in unserem eigenen Land, und Delhi und seine Bewohner gaben uns ein anderes Zuhause«, erinnerte sich die Punjabi-Schriftstellerin und Dichterin Amrita Pritam 1997 anlässlich des fünfzigsten Jahrestags der Unabhängigkeit des Subkontinents von den Briten.

Rund eine halbe Million Hindus kamen im Zuge der Teilung von Lahore und dem Westpunjab, die an Pakistan gingen, nach Delhi. Mehrere hunderttausend Muslime zogen aus Delhi nach Pakistan, die meisten von ihnen aus Old-Delhi oder Shahjahanabad, wie die vom Mogulenherrscher Shah Jahan im 17. Jahrhundert angelegte Stadt mit ihren 14 Toren einst hieß. Es war eine von mehr als einem halben Dutzend Städten, die einander über die Jahrtausende im heutigen Großraum Delhi folgten.

Die Massenmigration sollte den Charakter der Stadt für immer verändern. Aus dem noch von den Spuren der früheren höfischen Kultur geprägten Old-Delhi und dem von den Briten erst zu Beginn des 20. Jahrhunderts als neue Hauptstadt ihres Kolonialreiches angelegten Neu-Delhi wurde eine Stadt der Aufsteiger, wie es der Autor Khushwant Singh formuliert. Die muslimische Elite zog weg, »ihr Platz«, erklärt mir Singh, selbst kein gebürtiger *Dilliwala*, sondern ein Zuwanderer, »wurde eingenommen von einer Flut von Hindu- und Sikhflüchtlingen. Diese Neuankömmlinge wollten sich nicht nur rehabilitieren, sie wollten das große Geld machen und beweisen, wie sie es geschafft hatten. Ein ostentatives Zur-Schau-Stellen des eigenen Wohlstands wurde Teil der Lebenskultur von Delhis neuer Elite.«

Jenseits der Staatsgrenze, im neuen Pakistan, bahnten sich indes ehemalige *Dilliwalas* ihren Weg zu Reichtum oder Macht. Einer von ihnen, der als Vierjähriger mit seiner Familie Old-Delhi verlassen hatte, kehrte im Juli 2001 erstmals zurück an seinen Geburtsort. Der bevorstehende Besuch sorgte für viel Aufregung, bei den Bewohnern der Altstadt ebenso wie bei den indischen Sicherheitskräften, denn schließlich handelte es sich um niemand Geringeren als General Pervez Musharraf, der sich eineinhalb Jahre nach seinem Putsch gerade erst zum Staatspräsidenten von Pakistan befördert hatte. Dass er ein Sohn Delhis war, wusste außerhalb seines Freundes- und Bekanntenkreises lange kaum jemand. Auch im Frühsommer 1999, als so genannte Freiheitskämpfer von Pakistan aus in Kargil im indischen Kaschmir eingedrungen waren und der Verdacht, dass das pakistanische Militär seine Hände im Spiel hatte, mehr als nahe lag, war die Herkunft von Armeechef Musharraf noch kein Thema. Die Kämpfe bei Kargil, die die beiden Nachbarstaaten und neuen Atommächte in einen weiteren Krieg zu ziehen drohten, waren aber auch kein Setting für biografische Reminiszenzen. Erst als Musharraf im Oktober 1999 die Macht ergriff, kam er selbst in einer seiner ersten Reden auf seine Kindheit in Old-Delhi zu sprechen.

Die *Dilliwalas* horchten auf, und ganz besonders die Bewohner jenes Neharwali Haveli in Old-Delhi, das sich einst im Besitz der Familie Musharraf befunden hatte. Von dem ursprünglichen *Haveli*, wie die weitläufigen, nach innen gekehrten Wohnkomplexe mit ihren diversen Höfen und Gärten genannt werden, war freilich kaum noch etwas übrig, die heutigen Bewohner haben keine Vorstellung davon, wie dieses Wohnhaus einmal aussah, das wie so viele andere einstige Residenzen der Elite in eine Reihe von kleinen Wohnungen unterteilt wurde, deren Besitzer nicht über die Mittel für eine adäquate Wartung des Komplexes verfügten. Zahlreiche *Havelis* sind seit 1947 aus- und umgebaut und teils in moderne, gesichtslose Basargebäude verwandelt worden. Das jetzige Old-Delhi hat mit dem von 1947 nur mehr wenig gemeinsam und noch viel weniger mit dem alten Shahjahanabad. Wer heute durch die engen, gewundenen Gassen der Altstadt (Purani Dilli) bummelt, erlebt einen überfüllten, quirligen, chaotischen, lärmenden Ort, durch den es sich genau genommen gar nicht bummeln lässt, wenn man darunter etwas Leichtes und Unbeschwertes versteht. Denn andauernd fordert das frenetische Klingeln von Fahrrädern oder Fahrradrikschas zum Beiseitetreten, wenn nicht gleich Beiseitespringen auf, damit es sich noch ausgeht und es zu keiner Kollision kommt. Vor einem Laden stehen, in Ruhe das Aroma der vielen süßen und pikanten Köstlichkeiten an den Ständen genießen, gustieren, was man denn wählen soll, einfach schauen und sich verlieren geht nicht ohne zugleich auf den Verkehr zu achten, gar nicht zu reden von Schlaglöchern, Pfützen und Tierkot. Da vergisst man schon einmal den Blick nach oben, entgeht einem eine alte Fassade oder ein verzierter Torbogen, der auf ein *Haveli* verweist, wenn auch möglicherweise nur auf ein gewesenes, weil hinter dem Bogen längst nicht mehr ist, was einmal war.

Um zu erfahren, was einmal gewesen ist, braucht man jemanden, der es noch erlebt hat, der vielleicht sogar noch Zutritt hat zu einem der alten Wohnhäuser, die erhalten geblieben sind, oder zumindest jemanden wie Pavan Varma, der nicht als *Dilliwala* geboren, aber durch die Lebensumstände und aus Überzeugung einer geworden und aufgrund seiner Stadtrecherchen noch dazu der Faszination von Shahjahanabad erlegen ist. Man kann, meint er, nur die Entscheidung der Briten bedauern, Neu-Delhi als ihre Hauptstadt in

Distanz von Old-Delhi zu errichten, ohne die beiden miteinander zu verweben. »Das Schicksal von Purani Dilli war damit besiegelt wie das einer alternden Kurtisane, die von ihren Liebhabern verlassen worden ist und der nur mehr das Warten auf den Tod bleibt«, sagt Varma. Doch wenn Shahjahanabad unwiederbringlich verloren ist, so plädiert Varma dafür, mindestens einige der noch verbleibenden *Havelis* zu sanieren und zu erhalten, ob als Museen oder Restaurants, Hotels oder Theater. Andernfalls, wiederholt er die Warnung, die er schon in seinem Buch »Havelis of Old-Delhi« ausgesprochen hat, »wird an diesem Ort nichts als ein riesiger, gesichtsloser kommerzieller Slum bleiben«. Die Seele würde aus Purani Dilli weichen, in dem noch bis 1947 eine muslimische Elite mit ihren Reformern, Gelehrten, Philosophen, Poeten und Künstlern lebte. Ihre Sprache, die in Shahjahanabad entstandene »Sprache des kaiserlichen Heerlagers« und spätere Literatursprache der muslimischen Gesellschaft von Nordindien und dem zentralindischen Dekkan – Urdu – wurde zur Staatssprache von Pakistan.

Kaum mehr zu sanieren ist das einstige *Haveli* der Familie Musharraf. Lediglich der Schrein des Heiligen Baba ist noch relativ unbeschadet erhalten geblieben. Sobald der Termin für das Gipfeltreffen des pakistanischen Staatschefs mit Indiens Premier Atal Bihari Vajpayee 2001 festgelegt war, begannen die Bewohner des Viertels, die Straße auszubessern, Stromleitungen neu zu verlegen und Reparaturen am Gebäude durchzuführen. Die Aufregung war groß, gemischt waren die Gefühle. Für einen so hohen Gast, einen »prominenten Sohn Delhis«, wie Indiens Staatspräsident R. K. Narayanan es bei einem Bankett ausdrückte, war man bereit, alle Vorbereitungen zu treffen und auch die mit massiven Sicherheitsvorkehrungen verbundenen Unannehmlichkeiten hinzunehmen. Musharraf galt und gilt als damaliger Armeechef aber zugleich als Verantwortlicher für die Invasion in Kargil. Wenn der Konflikt um Kaschmir bis heute brodelt, dann hat er das Seine dazu beigetragen.

Persönlich zu Gesicht bekamen Musharraf Mitte Juli 2001 schließlich nur wenige *Purani Dilliwalas*. Etwa eine halbe Stunde dauerte der private Besuch des Staatschefs, der anders als manche seiner Verwandten nach 1947 nie mehr nach Indien gekommen war. Ganz besonders herzlich empfing ihn die mehr als achtzigjährige Anaro Kashmiro, sein einstiges Kindermädchen. Später zeigte sie stolz den Dollarscheck und den Stoff, den ihr der General zum Geschenk gemacht hatte. Vielleicht, meinten vor und nach dem Besuch Musharrafs einige Bewohner, könnte die Visite ja etwas beitragen zur Verbesserung der Beziehungen zwischen den beiden Nachbarstaaten. So wie Musharraf in Indien haben schließlich nicht wenige der Muslime hier Verwandte in Pakistan. Und selbst die, die sich eine Reise leisten können, hatten selbst in den besten Zeiten seit 1947 beträchtliche bürokratische Hindernisse bei der Visabeschaffung zu bewältigen.

Das Gipfeltreffen 2001 aber war ein Misserfolg. Dann folgten der 13. Dezember, die neuerlichen Truppenkonzentration beider Staaten an ihrer gemeinsamen Grenze und die Aufhebung der direkten Reiseverbindungen. Die Kriegsgefahr ist nicht gebannt, das Risiko, dass selbst ein kleiner Zwischenfall zur großen, möglicherweise nuklearen Konfrontation führen könnte, besteht weiter. Aber, betonte ein Analyst im Frühjahr 2002, »auch der Friede ist nicht gänzlich und für immer auszuschließen.«

Nachwort

51 Prozent der Stimmen und zwei Drittel der Mandate für die BJP: So lautet das Ergebnis der Wahlen im indischen Bundesstaat Gujarat vom 12. Dezember 2002. Mit 126 von insgesamt 182 Sitzen kann die Indische Volkspartei das beste Resultat ihrer Geschichte in Gujarat erzielen. Der alte und neue Chefminister Narendra Modi will den Sieg vor allem auch als Niederlage jener verstehen, »die Gift versprühten«. Sein Parteikollege Bundesvizepremierminister L. K. Advani äußert sich klarer: Der Erfolg der BJP sei »Ausdruck des Zorns über die nachhaltige Verleumdungskampagne ihrer Gegner, die die Polizei, die Verwaltung und den Chefminister wegen all jener Dinge attackierten, die nach Godhra passierten«.

»All jene Dinge« zählt zu den indirekten Verweisen, mit denen die BJP, wenn überhaupt, auf die schweren Ausschreitungen gegen Muslime zu sprechen kommt, die nach dem Überfall auf einen Zug mit Hindu-Aktivisten am 27. Februar 2002 Teile Gujarats erschütterten. Die Nationale Menschenrechtskommission, die staatliche Minderheitenkommission und knapp drei Wochen vor den Wahlen schließlich auch ein »Tribunal besorgter Bürger« haben schwere Vorwürfe gegen die Regionalregierung Modi erhoben. Das aus renommierten pensionierten Richtern des Obersten Gerichtshofs und anderer Rechtsinstanzen sowie aus Akademikern und Menschenrechtlern zusammengesetzte Tribunal spricht von einem »Genozid«, in dem mehr als eintausend Menschen getötet wurden. In seinem zwei massive Bände umfassenden Bericht mit dem Titel »Verbrechen gegen die Menschlichkeit« kommt das Tribunal unumwunden auf die Verantwortung Modis zu sprechen: »Das Blutvergießen nach Godhra in Gujarat war ein organisiertes Verbrechen seitens des Chefministers und seiner Regierung.« Modi sei »der leitende Autor und Architekt« der Gewalt nach dem 27. Februar.

Doch die Mitglieder des Tribunals wie auch der beiden Kommissionen – und die geschlagene Kongresspartei – zählen für die BJP und die Sangh Parivar zu jenen »Pseudosäkularisten« und »Giftsprühern«, gegen die sich die Mehrheit – nein, nicht der Gujaratis, sondern jener 67 Prozent der Wahlberechtigten, die ihre Stimme abgegeben haben, klar ausgesprochen hätten. Gerade in Zentralgujarat, das von den Unruhen am schwersten betroffen war, hat die BJP am meisten dazugewonnen, während sie in anderen Teilen Gujarats sogar Mandate eingebüßt hat. Mit 38 Prozent der Stimmen kommt die Kongresspartei auf 51 Sitze, womit sie zwei verloren hat.

Das Urteil der Wähler in Gujarat sei »eine Lektion für das gesamte Land«, betont Advani. Für Pravin Togadia ist der BJP-Erfolg in Gujarat »ein klares Zeichen an der Wand. … Ein Hindu-Reich steht binnen der nächsten zwei Jahre zu erwarten«, gibt sich der VHP-Leiter überzeugt. »Innerhalb dieser Zeit werden wir Indiens Geschichte und Pakistans Geografie verändern.« Aber hat Advani nicht wenige Tage vor der Wahl versichert, dass Indien nie ein Hindureich, nie ein theokratischer Staat werden würde? Selbst vor dem Hintergrund der Teilung des Subkontinents 1947 hätten Indiens politische Denker die Idee von Indien als einem theokratischen Staat von sich gewiesen, dasselbe Denken herrsche heute vor und werde es auch künftig tun, sagte Advani Ende November im Bundesparlament. Besonders radikale Elemente in der Sangh Parivar verurteilten diese Aussage aufs Schärfste, Advani habe »die Hindus, Hindutva und die Nation verraten«, klagte Bal Thackeray von der vor allem in Bombay/Mumbai tätigen Shiv-Sena-Partei. Liberale, dem Säkularismus verpflichtete Analysten waren sich unsicher, wie sie Advanis Worte interpretieren sollten. Inwiefern waren sie ernst zu nehmen? Waren sie bloß Wahltaktik, um die Muslime zu beruhigen?

Und wie wird es nun weitergehen? Wird die BJP versuchen, »das Gujarat-Experiment«, wie es die VHP oft genannt hat, auf andere Landesteile zu übertragen? Werden innerhalb der auf Bundesebene in Koalition regierenden BJP künftig die Hardliner den Ton angeben und den oft als liberales Feigenblatt verstandenen Premierminister Vajpayee drängen, die Maske fallen zu lassen? Und was würde das bedeuten? Mehr Gewalt? Eine noch stärkere Polarisierung? Noch höhere Mauern zwischen Hindus und Muslimen in noch viel mehr Teilen des Subkontinents? Zum Ausklang des Jahres 2002 stellen sich Fragen über Fragen. Jede Verschärfung der Hindutva-Politik in Indien muss Auswirkungen auf die weiterhin gespannten Beziehungen zu Pakistan haben. Dort haben zwar im Oktober erstmals wieder Parlaments-

Richtung sich die bevölkerungsreichste Demokratie der Welt entwickeln würde. Ein Sieg der BJP würde zu einer Zweibürgergesellschaft führen mit einer klaren Hierarchie zwischen den Hindus und den anderen. So manche Analysten sind dagegen weiter bemüht, ihren, wie sie sagen, »Optimismus« auch rechnerisch zu argumentieren. Damit die BJP auf Bundesebene je eine Alleinregierung bilden und ihre Hindutva-Politik landesweit uneingeschränkt verfolgen könnte, müssten, kalkulieren sie, mehr als fünfzig Prozent der Hindus für sie stimmen. Angesichts der Vielfalt und des Pluralismus des Subkontinents – und auch der Tatsache, dass es »die eine, geeinte Hindu-Gemeinschaft« nicht gebe –, sei das undenkbar, versichern sie. »Es ist derzeit schon schwer, sich nur das Ausmaß an Paranoia vorzustellen, das unter den Hindus ausgelöst werden müsste, damit so etwas passiert«, schreibt ein Kommentator.

Die Proben stehen nicht lange aus. In mehr als einem halben Dutzend Bundesstaaten sind 2003 Urnengänge angesetzt. Und 2004 finden die nächsten Wahlen für das Bundesparlament Lok Sabha statt.

wahlen stattgefunden. Von einer echten Rückkehr zur Demokratie aber will kaum jemand reden, hat sich doch General Pervez Musharraf schon vor dem Urnengang weitreichende Vollmachten als Staatspräsident für weitere fünf Jahre gesichert. Die Macht der islamischen Fundamentalisten, des Militärs und des Geheimdienstes ISI, dessen Hand Neu-Delhi hinter praktisch jedem Terroranschlag in Indien vermutet, sei ungebrochen, heißt es in Neu-Delhi. Zudem sei Islamabad bis heute nicht willens, die Infiltration muslimischer Kämpfer in den indischen Teil von Kaschmir zu unterbinden, was Vizepremier Advani erst kürzlich dazu veranlasste, Pakistan offen zu einem weiteren – echten und offen deklarierten statt hinterlistig geführten – Krieg herauszufordern.

Pakistan und Musharraf, das sind auch die bevorzugten Feindbilder von Narendra Modi. Nicht von Gott Ram oder einem Tempel in Ayodha spricht er, er hat dem Terrorismus den Kampf angesagt, und das ist keine neutrale Aussage. Denn Terrorismus versteht sich hierzulande als Terrorismus, der von Pakistan gesponsort wird, also von Muslimen, die – schwingt da unterschwellig mit – in den hiesigen Muslimen ihre Komplizen hätten. Kann es beruhigen, wenn Modi nach Bekanntgabe des Wahlergebnisses von Gujarat zunächst von »Zurückhaltung, Friede und Brüderlichkeit« spricht und betont, er spreche stets von allen fünfzig Millionen Gujaratis und ihrem Stolz und unterscheide nicht nach Religionsgruppen?

Viele säkulare Inder haben die Wahl als eine Art Wasserscheide verstanden. Der Urnengang in Gujarat würde darüber entscheiden, in welche